Improváveis + Resistentes

É Deus quem escreve a história de uma mulher improvável

EDITORA CHAVE MESTRA®

EDITORA
CHAVE MESTRA®

Av. Marcos Penteado de Ulhoa Rodrigues, 1119 - Tamboré, Barueri-SP
Ed. Office Shopping Tamboré - Andar 21 - Sala Chave Mestra
CEP: 06460-040
@editorachavemestra
editora@editorachavemestra.com.br
Acesse: www.editorachavemestra.com.br

Título original em Português:
Improváveis + Resistentes - é Deus quem escreve a história de uma mulher improvável

Direção editorial: Raquel Medeiros
Assistente editorial: Eloiza Andrade e Amanda Oliveira
Revisão: Bartira Costa
Diagramação: Weslei Eugênio
Branding de capa: Izzo Medeiros
Projeto gráfico: Weslei Eugênio

O conteúdo desta obra é de total responsabilidade dos autores e não reflete necessariamente a opinião da editora.

Dados Internacionais de Catalogação na Publicação (CIP)

Vale, Rogério (Organizador)
V149 Improváveis + resistentes - é Deus quem escreve a história de uma mulher improvável / Rogério Vale – Barueri, SP: Chave Mestra Editora, 2024. 248 p. : 16 x 23 cm

ISBN 978-65-84979-93-2

1. Desenvolvimento pessoal 2. Espiritualidade 3. Vida Cristã 4. Prosperidade. 5. Inteligência espiritual 6. Fé. I. Título.

CDD 158.1

SUMÁRIO

Improváveis + Resistentes

APRESE

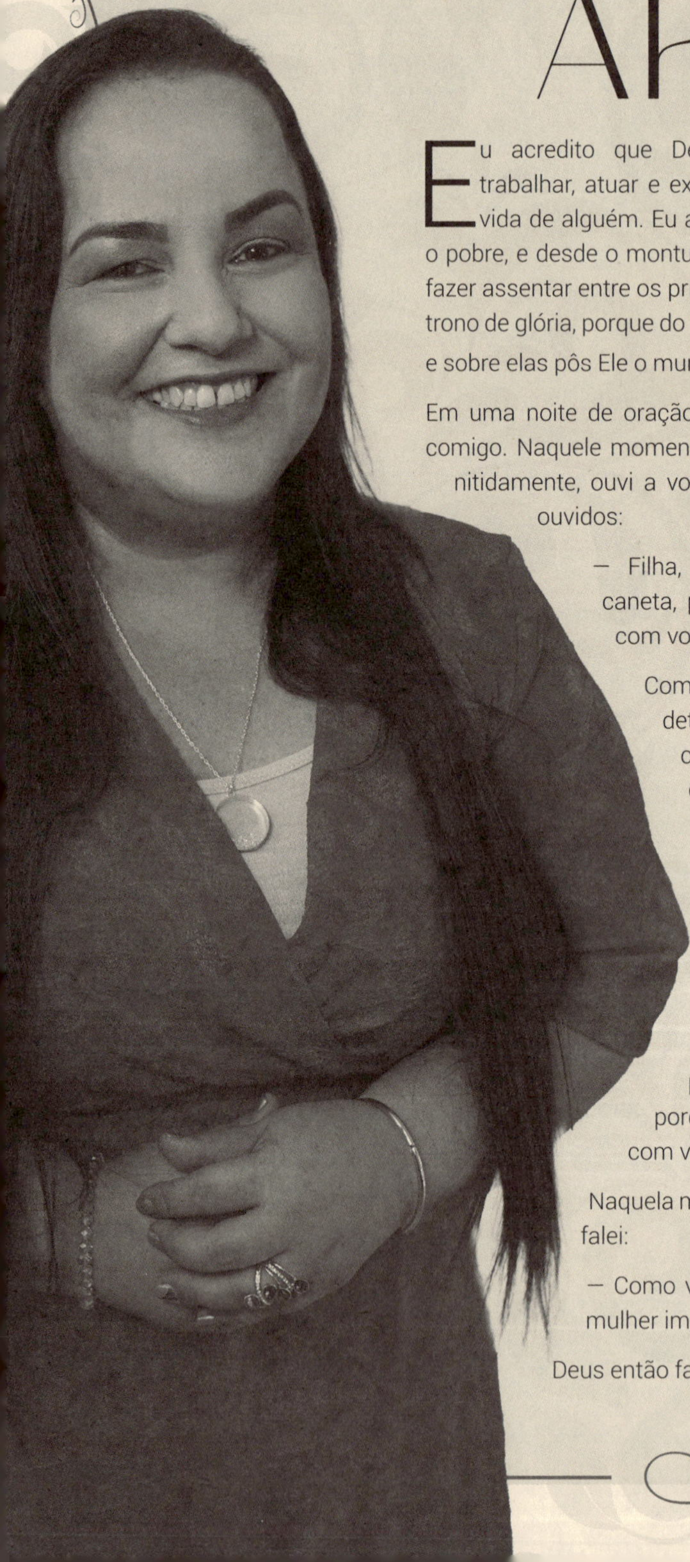

Eu acredito que Deus tenha suas formas de trabalhar, atuar e executar os Seus propósitos na vida de alguém. Eu acredito que Ele "levanta do pó o pobre, e desde o monturo eleva o necessitado, para o fazer assentar entre os príncipes, para o fazer herdar um trono de glória, porque do Senhor são as colunas da terra e sobre elas pôs Ele o mundo." (1 Samuel 2:8).

Em uma noite de oração e busca por Deus, Ele falou comigo. Naquele momento, o meu coração acelerou e, nitidamente, ouvi a voz dEle sussurrando em meus ouvidos:

— Filha, pegue um caderno e uma caneta, porque Eu quero compartilhar com você novos projetos.

Comecei a chorar e a anotar cada detalhe e qual o objetivo de cada projeto. Guardei em meu coração e fiquei no secreto com Deus. Passados alguns anos, em uma noite de ministrações, Deus usou um pastor para dizer:

— Deus confiou a você projetos, então obedeça-O, tire os projetos da gaveta, porque Ele já lhe deu eles, porque muitas mulheres estarão com você.

Naquela mesma noite, em minha oração, falei:

— Como vou executar isso se sou uma mulher improvável?

Deus então falou:

TAÇÃO

— Sim, você é improvável, mas também é resistente.

Improvável é algo que é incerto, não tem probabilidade de acontecer, desacreditado, duvidoso, não tem possibilidades.

Quando falamos que alguém é um improvável, na maioria das vezes, queremos dizer que aquela pessoa não tem muitas chances de dar certo, porque ninguém acredita muito no potencial dela, até que algo surpreendente revele o contrário.

A Bíblia registra um número grande de mulheres improváveis, mas que alcançaram resistência para viver sua missão aqui na Terra.

Eu me alegro em ler as histórias de Sara, Joquebede, Miriã, Ana, Débora, Jael, Rute, Ester, Isabel, Maria e aquelas cujos nomes nem foram citados, mas que fizeram história com Deus.

O exemplo delas nos mostra que Deus não erra jamais. Quando Ele chama, também capacita. Ele pega as coisas loucas e frágeis deste mundo para confundir os sábios e os fortes. Deus, quando olha para o coração de alguém e vê disponibilidade, então levanta, destaca e honra.

E eu quero apresentar-lhes 30 histórias de mulheres improváveis que suportaram dores, processos de descréditos, rejeições, abandonos; mulheres que descobriram que eram improváveis como eu, mas também resistentes, que reconheceram seu valor e não abre mão deles, nem os negociam. Elas abraçaram a dor, mas a dor não as paralisou; elas aprenderam a lidar com as mudanças, abriram o coração e seu medo foi substituído pela coragem. Elas saíram da zona de conforto e enfrentaram todo o tipo de confronto. São mulheres improváveis que, do processo, tiraram boas lições, que tiveram sua visão ampliada sobre aquilo que Deus tinha na vida delas.

Sim, elas viveram e vivem ainda cada etapa da sua história. Sabe por quê? Porque elas podem ser improváveis, mas também são resistentes, e, à sua resistência, foram acrescentados sabedoria, ousadia, posicionamento, fé, autoridade, credibilidade, respeito e uma identidade.

Não tenho dúvidas de que cada capítulo deste livro será um divisor de águas na sua vida e um sinal de que este é o ano e o tempo de Deus levantar mulheres improváveis como você. Sabe por quê? Porque é Deus quem escreve a sua história, é Deus quem escreve a história de uma mulher improvável.

Pra. Débora Moura

PREFÁCIO

Fazer parte deste momento é ter a honra de poder corroborar este projeto que me emociona e toca no meu íntimo de tal maneira que faz com que, primeiramente, eu venha a descortinar o nome desta obra *Improváveis + Resistentes*. Ser improvável é ser alguém que tende a não acontecer, que é tendencioso a não conseguir; é ninguém acreditar que existe potencial, visto ser recheado de impossibilidades. Contudo, o + nos traz a ideia, não de um déficit, mas, sim, de um algo a mais, que é trazido em maior quantidade ou maior intensidade. Na Matemática, o símbolo da adição (+) significa acrescentar uma certa quantia a outra já existente, e, quando olhamos o improvável, a realidade é de zero expectativa e, nessa operação chamada adição, o zero mais um não é zero, é um, então concluo que pode até não ter probabilidade de ocorrer, mas o resistente tem a capacidade de lidar com seus próprios problemas, ele vence seus obstáculos, não cede às pressões, não é circunstancial. Ele resiste às circunstâncias. Ele se reergue. E, por isso, também é chamado de resiliente, porque, literalmente, a resiliência é a propriedade, na "lei da Física", de um corpo recuperar a sua forma original depois de sofrer pressão.

Duas características opostas, uma declarando um estado, a outra determinando uma realidade. Uma mulher que não permitiu que as dores vencessem em meio à dor gerou resistência. Dor vencida lhe constituiu autoridade, e assim é pastora Débora Moura, uma mulher de autoridade, que nos contagia com o seu sorriso largo, com sua fé inabalável e com seu desejo de servir o reino. Incansável, amiga das amigas, cheia de Deus, é uma mulher que o céu escolheu para manifestar por meio dela o sobrenatural. Participou como coautora, com sua história incrível de superação, no projeto *Mulheres Restaurando Mulheres – Volume II: A sua história não te parou, pelo contrário potencializou você*, do qual sou idealizadora. E, hoje, está se tornando idealizadora do seu próprio projeto, com Deus autenticando e validando a sua história, fazendo com que não pare só nela, mas que mulheres de dores também tenham a oportunidade de serem ativadas para um voo maior. A dor não para, a dor prepara!

A despeito do que passamos, não temos o poder para modificar. Na verdade, não há flexão no passado. Restam memórias e experiências que serão o alerta presente para que possamos não anular ou neutralizar uma projeção de um futuro glorioso.

De coautora a idealizadora, é essa a proposta deste projeto, também fazer de você alguém que a sua história não subtrai, mas, sim, une a propósitos que o céu já estabeleceu. Eu lhe convido, hoje, a fazer essa leitura, com a certeza de que, se este livro chegou até você, é porque você resistiu e não é hora de parar. A próxima pode ser você!

Pra. Luciana de Oliveira

Aline França Savaris

Sou Aline França Savaris, nasci no dia 28 de outubro de 1989 e cresci na cidade de Piranhas/GO. Atualmente, resido na cidade de Primavera do Leste/MT com minha família amada, meu esposo, Tiago Savaris, e meu filho, Davi França Savaris.

Sou formada em Ciências Contábeis e possuo registro no CRC. Atuo nessa área há 15 anos. Também sou escritora e poetisa desde os meus 12 anos de idade e decoradora — gosto muito de decorar momentos especiais.

A minha história de sucesso não foi sempre assim. Eu tive que percorrer um caminho cheio de desafios, mas consegui provar que, quando decidimos viver o propósito de Deus, todas as coisas cooperam a favor do nosso crescimento. Tenho prazer em motivar e impulsionar pessoas em todas as áreas da vida.

alinefrancapoetisa

alinefrancasavaris

+55 (66) 99941-4672

Aline França Savaris

savaris.cont@gmail.com

Improváveis + Resistentes

01 O SENTIDO DA VIDA É AMAR

Por Aline França Savaris

O amor de Deus é transformador. Quando nos permitimos sentir esse amor, nossa vida ganha sentido e conseguimos viver o propósito do Senhor.

Os meus seis primeiros anos de vida não foram nada fáceis. O que passei nessa fase me deixou com traumas e bloqueios na vida adulta. Quando eu tinha aproximadamente 3 anos de idade, fui deixada com minha avó materna. Ela tinha boa intenção em me cuidar, mas era muito agressiva, devido à sua natureza e tudo pelo que passava; era depressiva e, algumas vezes, tentou suicídio. Foi nessa fase que senti a dor do abandono. Eu era uma criança muito sensível, e muitos questionamentos passavam pela minha cabeça: "por que eu estou aqui passando por tudo isso? Onde está minha mãe?". Eu não me sentia amada.

Nessa fase, eu também era atormentada por espíritos malignos e, à noite, sentia muito medo, me cobria dos pés à cabeça. Foi com aproximadamente 6 anos de idade que julgo ter tido minha primeira experiência com Deus. Após o jantar, por não ter comido toda a comida, minha avó começou a me bater. Por eu ter me agitado muito com a surra, desci a escada da casa que dava acesso ao quintal e, ao descer os degraus, senti meu rosto repuxar para um lado. Senti uma dor muito forte na cabeça, dei a volta na casa e me sentei na calçada. Eu estava ali sozinha sentindo que ia morrer, pois a dor era muito forte. Meu rosto estava ficando torto, e fiz meu primeiro pedido a Deus. As pessoas falavam que Deus era o criador, então eu pedi a Ele que me deixasse viver e, rapidamente, senti algo tocando minha cabeça, toda dor passou e meu rosto voltou ao normal. Eu me senti consolada, meu coração se alegrou, parei de chorar e entrei na casa. Fui para o quarto e dormi muito bem naquela noite.

Com 7 anos, Deus abençoou que eu fosse morar com minha mãe, que já podia cuidar dos filhos, pois havia se casado novamente. Sempre gostei de histórias, de ler livros. Com aproximadamente 12 anos, eu comecei a escrever. Era algo que me deixava alegre e em paz. Passei a escrever textos reflexivos. Sempre que batia uma tristeza, um vazio, eu pegava o caderno e escrevia poesias e a tristeza passava. Com 15 anos, eu me batizei em uma igreja com muitos costumes. Queria estar em um caminho que me levasse a Jesus, porque eu sabia que, se estava viva, era por Ele. Com 17 anos, consegui uma bolsa de estudos em uma universidade em Rondonópolis/MT, cidade em que eu morava naquela época. Depois de um ano, minha família se mudou para uma fazenda próxima a Primavera do Leste/MT, então decidi me mudar para Primavera e foi nessa fase que me afastei da igreja, pois, na minha mente, se eu não fosse seguir à risca os costumes da igreja, era melhor que não fizesse parte, pois sofreria julgamentos.

Apesar de eu ter parado de congregar, sempre orava e, sempre que fazia algo de errado, minha consciência pesava. Por isso, eu parecia estar sempre triste. Sempre tive uma força tremenda dentro de mim, uma vontade de vencer; desde a infância, eu era muito sonhadora. Apesar das reações negativas das pessoas, no fundo, eu sabia que era capaz. Eu desejava ser reconhecida pelo meu esforço, por ser honesta, por seguir princípios. De onde eu não era aceita, me retirava, porque não queria fazer mal a ninguém, queria sempre agradar. Eu cresci fechada? Sim. Cheia de bloqueios? Sim, mas eu os vencia a cada dia.

Com 18 anos, comecei a trabalhar em um escritório de contabilidade. Na minha vida em geral, eu buscava sinais de Deus para cada decisão; era algo entre eu e Deus. Com 19 anos, conheci meu esposo. Ele morava e trabalhava em uma fazenda. Foi um sentimento bem forte, senti que ele seria meu esposo, porque era bom, me alegrava e tinha todas as qualidades que eu admirava. Começamos a namorar, e eu busquei um sinal de Deus sobre se era ele quem seria meu esposo para a vida toda. E Deus me confirmou. Mas a luta foi grande. O mais difícil foi meu relacionamento com a mãe dele. Eu desejava muito que ela gostasse de mim, mesmo morando longe dela, mas, devido às situações ocorridas, vi que não tinha sido aceita, por isso não conseguia ser eu de verdade na presença dela. Só desejava que ela visse que eu não era ruim, que amava muito o filho dela e queria amá-la também. Eu não conseguia me retirar daquela situação.

Nada foi como eu esperava. Ouvi acusações, me senti humilhada e com meus valores invalidados. Nós namoramos três anos e nos casamos. Eu comecei a ter depressão, tristeza profunda, às vezes, dormia chorando e tinha pesadelos constantemente. Durante alguns anos, eu tentava disfarçar, porque meu marido era bom e me amava. Eu cuidava do meu lar. Aquelas lembranças e a dor da minha infância voltaram com tudo, mas eu tinha uma força sobrenatural dentro de mim. Ao mesmo tempo que uma voz dizia que queria me matar, outra voz dizia: "Deus lhe deu a vida e somente Ele pode tirar". Eu lutava para superar tudo aquilo e, em um dia, devido a uma situação de raiva, proferi palavras pesadas contra minha sogra. Foi a pior coisa que fiz. Senti um peso enorme na consciência e foi então que decidi voltar a ficar firme naquela igreja na qual eu era batizada. Eu pedi perdão para ela e comecei a orar para Deus abençoar grandemente a vida dela.

Devido a alguns acontecimentos, meu casamento entrou em crise. Fui me apegando aos costumes da religião e, quando meu marido me conheceu, eu não era assim, então o amor esfriou, principalmente da minha parte. Eu estava me achando certa, mas, na verdade, estava pecando por não cuidar do casamento que Deus tinha me dado. Eu me mudei de casa com meu filho, que tinha 3 anos, e ficamos alguns meses separados. Eu não havia me perdoado, sentia culpa e ressentimento de mim mesma.

Com a mente muito confusa, decidi orar a Deus nas madrugadas, buscando direcionamento. Senti de abrir a Bíblia para ler e, sempre a abria em capítulos que explicavam sobre o casamento. Eu também fui lendo as histórias de Jesus, como o Seu milagre transformando água em vinho, então todo o amor que eu sentia antes pelo meu esposo foi ressurgindo ainda mais forte que antes. Decidi voltar para casa. Graças a Deus, meu esposo tinha fé em voltarmos. Deus foi tão bom comigo que tirou a venda dos meus olhos por meio da Sua palavra. Eu tive que me abster da religiosidade aparente e permaneci firme nas minhas orações e leitura da Bíblia.

No ano de 2022, nos mudamos para Paranatinga/MT devido ao trabalho do meu esposo e, quando pensei que estava tudo bem comigo, comecei a ter insônias. Não conseguia dormir. Foram semanas bem difíceis, pois todo dia eu tomava remédios para dor de cabeça e, ao cochilar, ouvia explosões e via estrelinhas. Orei e pedi direcionamento para Deus, e Ele colocou no meu caminho uma profissional maravilhosa, que foi a psicóloga Alcimone.

Para ela, fui contando toda minha história, desde a infância, com fatos que eu não tinha contado a ninguém. Por meio dessas confissões e das minhas orações, eu fui entendendo os planos de Deus para minha vida. As noites sem dormir eram devidas à ansiedade, a muitos pensamentos em desordem. No decorrer da vida, eu já tinha passado por crises em que parecia que iria morrer. Até minha gestação que foi um presente de Deus, pois era de risco devido a meu estado emocional. Eu fui crescendo profissionalmente, mas me encontrava em desânimo com a profissão. Eu não estava vivendo o propósito de Deus, que era agradar unicamente a Ele, me preocupava em agradar pessoas. Com as terapias, meus pensamentos foram organizados, passei a ouvir a voz da inteligência emocional — que, no espiritual, sabemos que é a voz do Espírito Santo.

Um dia, orando, eu disse para Jesus: "Meu coração está aberto para o Senhor. Eu perdoei pessoas e me perdoei. Sou dependente unicamente de Ti. Transforma a minha vida." Naquele momento, me senti completamente preenchida por um amor imenso, sem explicação.

Eu comecei a buscar de Deus qual era meu chamado aqui na terra. Então, um dia, organizando minhas coisas, encontrei minhas poesias guardadas e as li. Automaticamente me veio uma inspiração para escrever outra poesia. Escrevi mais uma e fui escrevendo a cada dia. Quando eu as relia, parecia que nem era eu quem tinha escrito. Em muitas poesias, eu falava sobre Jesus, sobre esse amor imensurável. E, cada vez que eu orava e perguntava a Deus qual era o meu chamado, mais inspirações recebia para escrever.

Certo dia, conversando com uma profetisa de Deus, ela foi usada por Ele para dizer que aquele era meu chamado e me chamou de poeta Davi. Naquele momento, eu me senti muito amada por Deus.

Eu venho me tornando uma mulher forte e sensível a tudo que vem de Deus. Hoje, eu reconheço meu valor porque o Espírito Santo habita em mim. Tive minha vida transformada da àgua para o vinho, de dentro para fora. Deus me deu a direção para eu buscar ajuda psicológica e, assim, minha mente foi organizada. Eu abri meu coração para Jesus e foi assim que a minha vida ganhou sentido, porque Jesus é amor e o sentido da vida é amar. Aprendi que o perdão consiste em nos livramos do peso de uma bagagem que não nos pertence. A paz interior não está no lugar e nem no outro, está dentro de cada um de nós. E posso dizer, com toda a certeza, que jamais teremos o controle dos sentimentos dos outros, mas, quando entregamos nossa vida ao Senhor, passamos a ter o controle dos nossos sentimentos, e é isso que importa. Quando passamos a viver na presença de Deus, recebemos as respostas que buscamos.

Na palavra de Deus diz: "conhecereis a verdade e a verdade vos libertará" (João 8:32). Na Bíblia Sagrada, encontramos a verdade. A Bíblia é como uma carta de amor de Deus para nós, e, ao lermos, passamos a corresponder a esse amor. Quando sentimos Deus em nós por meio do Espírito Santo, passamos a ter amor-próprio, pois fomos criados à semelhança Dele e Ele é perfeito. A partir daí, passamos a amar o próximo, cumprindo o mandamento maior que Jesus nos ensinou.

"Quando passamos a viver na presença de Deus, recebemos as respostas que buscamos."

Aline França Savaris

Cinthia Carolina Oliveira

Sou Cinthia Carolina Oliveira, natural de Queimados/RJ, filha das melhores pessoas que já pisaram neste mundo, Gilson e Magda, e que estão no céu junto com meu filho Davi. Sou irmã do Júnior, que me deu os melhores sobrinhos (Thaylane, Gilson, Thábata, Rebeca e Ryan), e mãe de coração dos afilhados Thaylane, Théo, Maria Clara e Benjamin.

Sou pastora há quinze anos — nos últimos quatro, na Igreja do Nazareno, em Queimados/RJ —, teóloga, cientista da religião, analista comportamental, administradora com ênfase em Gestão de Pessoas e conferencista internacional sobre Santidade e Pneumatologia.

Tenho uma história construída por muitas vidas e mãos. Vi o melhor e o pior do ser humano, em sua essência. Fui salva de mim mesma por Deus. Estou em uma busca constante para me tornar alguém melhor, não apenas para os outros, mas principalmente para mim.

cinthia.carolinaoliveira

nazarenoqueimados

cinthiacarolinapo@gmail.com

Improváveis + Resistentes

02 NÃO FUI PLANEJADA, MAS SEMPRE FIZ PARTE DOS PLANOS DE DEUS

Por Cinthia Carolina Oliveira

"Ninguém quis você! Você foi um erro! Não foi planejada!" Não sei se você já ouviu/sentiu algo assim. Eu vivi cada uma dessas falas. Nasci numa família disfuncional: a filha de "crente" e o filho da "cartomante". E eu? Alguém que era apressada desde o ventre. Nasci de oito meses; esperar nunca foi o meu forte [risos]. Minha mãe foi exposta a radiação no trabalho várias vezes, sem saber que estava grávida. Existe uma foto minha em que minhas avós estão me olhando com um olhar desconfiado. Olhar desconfiado! Não sei você, mas eu cresci cercada deles.

Meu pai se converteu na minha infância, e vi Deus usá-lo poderosamente, desde para expulsar demônios, para orar e pessoas expelirem cânceres, até para um morto voltar a viver. Um evangelista inigualável! Centenas de vidas foram ganhas por ele. Impossível alguém que o conheceu dizer algo diferente. Mas isso não impediu que perdêssemos minha mãe para o câncer aos 44 anos. Aquilo quebrou algo dentro de mim, maior do que consigo dizer. Eu estava com ela no hospital. Ela estava tomada pela metástase. Passei aquela noite cantando, embalando-a em meus braços e orando ao som de: "Ele foi ferido pelas nossas iniquidades... e pelas suas feridas, fomos sarados!" (Isa 53:5), até que ela contou que anjos estavam ali para levá-la, que o céu era real e estava salva. E, assim, a "liberei" com a promessa de um reencontro na eternidade. Foi nossa última conversa.

Logo depois, afundei. Comecei a beber, andar com os que eram contra tudo o que aprendi. Aquela do domingo não era nada igual àquela do cemitério tarde da noite. Muitas vezes, ri das "sessões", afinal, pensava: "se Deus não existe, o diabo também não; se eles não existem, céu e inferno muito menos; e, se não existe o depois, não têm problema desistir". Percebe quão quebrada eu estava? Atentei contra a minha vida várias vezes, até que Deus me alcançou, me salvou de mim mesma. Mudei completamente minha vida, uma "metanoia" aconteceu.

Casei-me em 2009. Um vestido lindo e um véu enormes, símbolos da promessa e do voto que fiz a Deus e a minha mãe na nossa última conversa. Recebi o laudo de infertilidade ainda no início do casamento, mas, por milagre, tive o privilégio de gerar o meu Davi. Ele tinha uma má formação e parou de se desenvolver na 14ª semana. Todas as consultas médicas eram desesperadoras. Ao completar seis meses, eu estava pregando e ele se mexeu pela última vez. No altar, Deus o tomou para Si. Se existia algo restaurado, ruiu. Nunca senti dor maior do que perder meu filho. Fui despedaçada de dentro para fora. Eu tive um acesso de raiva contra o Senhor: "Deus ficou ali e Ele também já perdeu um filho, sabia o que eu estava sentindo. Não disse nada." Não tinha nenhuma voz, só os gritos da minha alma.

Eu achava que tinha um acordo com Deus, mas descobri que Ele não faz acordos com a humanidade. Deus é Deus de alianças, e não de acordos. Afinal, não se barganha com o dono do universo. Rendida, fiz minha aliança com Deus:

— Eu cuido dos Seus filhos, e o Senhor do meu!

Mas não ache que a dor sumiu, ela fez morada por anos aqui dentro. Meu filho foi um assunto nebuloso entre mim e Deus por muito tempo, até há poucos meses, para ser sincera. Eu me lancei nas mãos de Deus e, naquela época, fui levada a um lugar que nunca imaginei. Numa reunião entre pastores do distrito Rio de Janeiro/Baixada, disseram que era a hora de ter uma mulher à frente de uma igreja organizada. E, no meio de sessenta homens, um nome feminino. A menina improvável! Larguei tudo e fui para Angra dos Reis. Ali me doei como nunca. Trabalhei dia e noite. Tudo ia bem, até que deparei com a infidelidade conjugal. Estava acompanhando meu pai, com uma suspeita oncológica. Já tinha perdido minha mãe vítima do câncer. Cirurgia, complicações, infecção, sepse. Na internação, fiquei no hospital com ele todo o tempo. Enquanto isso, meu ex reencontrou com alguém do passado. Tive que sair da liderança, pois não tinha condições de dar às "ovelhas" o que precisavam. Não estava em pecado, mas eu sangrava. E, se você não cura a ferida, vai sangrar em pessoas que nada têm nada a ver com aquilo.

Voltei ao início. Comecei a ajudar meu pai. Tudo caminhava bem, até que um dia Deus me mandou reatar meu casamento. Confesso que relutei por seis meses, então ouvi a frase: "Pregamos tanto sobre o perdão, mas e quando é conosco?". Pedi que Deus me ajudasse e reatei.

Tudo parecia novo! A igreja crescia, minha família estava feliz, todos unidos, até que, em janeiro de 2018, eu tive uma reação a uma vacina. Lembro de dar entrada na UPA, o médico chamar meus familiares e dizer que eu tinha no máximo 24 horas de vida. Tive uma parada cardíaca de 1 min. 47 seg. Minha vida estava nas mãos de Deus. Um a um, os números foram sendo vencidos. 24 horas viraram 48, 48 viraram 72 horas. Uma semana, um, dois, três meses. Deus é Deus!

Em abril de 2018, no meio dessa luta, meu pai se aposentou e fui a escolhida para assumir a presidência da igreja. Lembro de pensar que não sabia se viveria até a outra semana, mas estava lá projetando o futuro. Deus honra a fé!

Em 2020, a pandemia chegou. Ainda no processo de tratamento, não deixei de pastorear, e entramos na forma digital: eu e um celular. Não sabia olhar para a câmera — até hoje não sei [risos]. Tenho TDAH desde a infância, sempre fui muito espontânea. Se o pessoal tinha medo de eu me empolgar no culto, imagine na internet, ao vivo. Existem milhares de "pérolas" minhas. Podem procurar nas páginas da igreja. Eu me despi do embaraço e falei a língua que sabia: a humana. Falei a verdade da situação, sem desespero, mesmo quando minha família inteira pegou covid. Era uma sentença de morte para mim e estava dentro da minha casa. Meu pai foi internado no domingo de Páscoa. Eu estava pregando, e ele dando entrada no hospital. Com todos doentes, eu ia ao hospital todos os dias e, depois, cuidava de cada um, além de vários irmãos da igreja. Ficava firme. Todos estavam com medo e preocupados, então alguém precisava ser forte. Fizemos uma rede de apoio: medicamentos, frutas e legumes. Várias mãos voluntárias cuidando uns dos outros. Em uma consulta, o médico me disse para não ter contato com meu marido ou eu iria morrer. Chegando em casa, cuidei dele e fui levar as coisas para o outro quarto. Pensava em, durante o dia, de máscara, cuidar dele e, à noite, dormir em outro lugar, até que ele segurou minha mão e falou:

— Não me deixa sozinho!

E eu respondi:

— Não vou.

E recoloquei as coisas e fiquei 24 horas por dia ali, cuidando dele.

Um dia, abri uma live alguns minutos depois de receber uma ligação do hospital dizendo que meu pai tinha piorado muito e que a situação era irreversível. Essa live rodou o mundo, compartilhada por pessoas em muitos países. Não importava o que iria acontecer, eu acreditava em Deus. Não importa o que aconteça, Deus sempre será Deus! Alguns dias antes, estive com o meu pai pela última vez. Ele foi levado para o CTI para ser entubado, e eu o olhei de longe. O médico disse que eu nem deveria estar ali, mas eles sabiam que ele talvez não voltasse, então tinha alguns minutos. Ele me olhou e disse que tinha orgulho de mim, fez alguns pedidos e falou que estava salvo. Passou um filme na minha cabeça. Eram as mesmas palavras que a minha mãe disse. E ali, em lágrimas, falei:

— Pai, eu te amo. Até breve!

Quando assumi a igreja, Deus tinha me dito que o levaria, e eu pedi mais tempo com ele. Saí do CTI e me joguei no altar pedindo misericórdia, e Deus falou:

— Eu te dei 3 anos a mais.

Assumi a igreja em 14 de abril de 2018. No dia 13 de abril de 2021, Deus recolheu meu pai.

A igreja estava em oração. Eu sabia o que Deus iria fazer, mas continuei clamando, porque, enquanto existe vida, existe esperança. E digo que até depois, pois, quando fui reconhecer o corpo, pedi a Deus pelo milagre, mas o maior milagre já tinha sido realizado na vida do meu pai, a salvação. Naquele dia, sepultei meu pai à tarde e, à noite, dei entrada com meu marido no hospital. Sem vagas, o médico me disse para levá-lo para morrer em casa, pois não havia mais cilindros de oxigênio. Então, eu fiz uma oração difícil:

— Deus, podes fazer o que quiser, até levá-lo, mas não o faça agora, porque eu não tenho estrutura. Eu me submeto à Sua vontade, mas, por misericórdia, não neste momento. Afinal, uma hora todos se recuperam.

A igreja entrou num processo de dor e luto gigante. Meu pai era uma figura paterna para todos. Não eram raros os gabinetes de encorajamento que tive que fazer. Deus guardou meu coração, eu só chorava diante dEle.

Cinco meses após a falecimento do meu pai, descobri novas traições do meu ex. Sim, o mesmo de quem fiquei ao lado durante a covid, colocando minha vida em risco, por quem engoli meu luto para lutar por sua vida, por quem implorei a Deus para não o levar. Mais uma vez, eu enfrentei tudo aquilo. Dessa vez, não tinha mais meu pai, não tinha mais a minha base, éramos eu e Deus.

Passei dias perguntando ao Senhor por que havia me dito para voltar para Ele. Deus ficou em silêncio por 21 dias, até que só me fez uma pergunta:

— Você é mais fiel que Oséias?

Eu, com a cara mais sonsa que existe, fingi que não sabia do que Ele estava falando — sim, sou cara de pau [risos] — e perguntei:

— Que Oséias?

Mas eu sabia que era o profeta bíblico.

E Deus seguiu:

— Acha que não o amava? Não era sobre Oséias, era sobre Israel. Não era sobre você, era sobre a oportunidade que eu estava dando àquela pessoa.

Nem sempre o que acontece conosco é sobre nós. Muitas vezes, Deus está falando ao outro em nós e através de nós. Eu sei que parece injusto, mas você também já foi moldado por meio de uma relação. Todos somos! Na maioria das vezes, de forma boa, porém algumas vezes nos ferimos. "O ferro é afiado com ferro, o ser humano, com outro ser humano" (Prov 27:17).

Percebi que ser instrumento de Deus tem um preço maior do que imaginamos e que o ministério não deve ser abraçado por quem não está disposto a se ferir, muitas vezes, injustamente. Dei minha vida ao Senhor Jesus quando, aos 12 anos, errei, me perdi e voltei. Lutei muito! Uma vida inteira de lutas contra preconceitos, contra traições, contra o reino das trevas, contra a morte, contra mim mesma — em alguns momentos, até contra Deus. Eu não fui planejada pelos meus pais, mas sempre fiz parte dos planos de Deus, resposta dEle para este tempo, esta geração.

Hoje, continuo lutando pelo meu milagre na saúde (mas isso é uma outra história) e vejo Deus todos os dias. Perdi mãe, pai, filho, casamento e tantas coisas, mas ganhei muito mais do que mereço. Estou viva! Eu sou dEle, por Ele e para Ele; a menor da casa, a menina desastrada, falante e esquisita, a improvável que tem a sua resistência nEle e por Ele.

"Deus não faz acordos com a humanidade. Deus é Deus de alianças, e não de acordos. Afinal, não se barganha com o dono do universo."

Cinthia Carolina Oliveira

Miss. Cris Porto

Olá! Sou a missionária Cris Porto, carioca, moradora da Baixada Fluminense, Nilópolis/RJ, onde estão fincadas minhas raízes familiares.

Filha de Áurea Amélia e Odemir Fernandes (*in memorian*), sou casada com o Rev. Jurandi Silva e mãe de Nathan, meu adolescente lindo de sorriso fácil.

Juntos, formamos uma das inúmeras famílias pastorais do Distrito Nazareno Rio Grande Rio.

Sou professora por vocação. Meu ministério nasceu de um período de dor. Aliás, algo novo sempre nasce desses momentos. Debaixo de uma palavra de envio, sigo na tentativa de ser um *start* na vida de mulheres que, assim como eu, atravessaram longos desertos e decidiram não morrer neles.

porto_cris

Cris Porto

misscrisporto@yahoo.com

Improváveis + Resistentes

03 BONITA POR FORA, SARADA POR DENTRO

Por Miss. Cris Porto

Por longos meses, Deus vem me preparando para este que é um momento inesperado em minha vida. Nunca sequer sonhei ou pensei na possibilidade de escrever um livro, mas o meu Aba sonhou por mim, Ele me chamou de escritora, antes mesmo de eu receber o convite.

Em um culto cheio da presença, Ele me dizia: "Conta a nossa história, filha."

E aqui estou eu, com coração quentinho, lágrimas nos olhos e dedinhos ávidos para teclar tudo que ao lado dEle vivi.

Era o ano de 2010. Nathan, meu filho, com 1 ano de idade, começava a dar seus primeiros passos. Naquele ano, mal sabia eu o que me aguardava.

Havia chegado o tempo da fumaça em nossas vidas. "Pois estou como odre na fumaça; contudo não me esqueço dos teus estatutos." (Salmos 119:83)

A Bíblia é repleta de expressões e palavras que, muitas vezes, passam desapercebidas da nossa compreensão, mas, quando de fato entendemos o que era um odre na fumaça, começamos a ter noção da poesia escrita pelo salmista. Nas grandes travessias do deserto, ele era o único objeto capaz de conservar e manter a temperatura dos líquidos. O odre nada mais era do que o couro de uma ovelha sacrificada, que era tirado como se retira uma roupa. Cortavam as patas do animal para que o couro se soltasse de seus pés e fosse costurado, deixando apenas o gargalo. O odre tinha um propósito específico, assim como nós, o de levar em seu interior as águas frescas do Espírito, a alegria do Novo Vinho, a unção por meio do azeite.

Não permita que fatores externos arranquem de você a presença. Busque, todos os dias, encher o seu odre.

Sejamos como odre cheio para saciar o faminto.

Entenda, para o odre existir, uma ovelha precisou ser sacrificada. O sacrifício aponta para Deus o valor que temos dado ao nosso propósito. Para o odre ser usado, ele precisa passar por um processo, do contrário, vão olhar e ver tão somente o couro de uma ovelha morta. O processo purifica o couro e o livra de bactérias. O couro, então, é pendurado próximo ao fogo para ser depurado pelo calor da fumaça e ali ele é esquecido.

Assim como eu, talvez você, em algum momento da sua vida, tenha se sentido assim, esquecido e incomodado pela fumaça, mas odre parado na fumaça é couro sendo curtido. Aguente firme! seu couro está sendo curtido pela fumaça.

Deus, definitivamente, me colocou pendurada na fumaça. Não há uma área da minha vida que não tenha passado pela fumaça.

Tudo começa pela saúde de Jurandi. Ele sentia fortes dores no quadril, caminhava com grande dificuldade e, a cada dia que passava, mais se curvava. Era um sofrimento diário. Depois, aconteceu a primeira alteração da pressão arterial, e um sangramento que lhe tomou toda a boca. Com isso, Deus dava o seu primeiro livramento de infarto. Com a pressão elevada, veio também a diabetes altíssima, mas, incansável em sua missão, ele não abria mão de estar nos cultos. Com grande dificuldade e, muitas vezes, sozinho, lá ia ele abrir a igreja. Depois de três anos, o Senhor nos dava um esclarecimento: Jurandi havia sido acometido por uma artrose bilateral femoral e o caso era grave, devido ao histórico de saúde dele. Foi necessária uma intervenção cirúrgica, e uma úlcera varicosa se abriu na perna. A ferida expunha a inflamação que saltava como uma torneira aberta, mas não era maior que a ferida trazida na alma.

Fomos abandonados por aqueles que se diziam amigos. Pela boca deles, muitos adjetivos nos foram dados. Meu sofrimento se arrastava, eu chorava por nos ver naquele estado, sem condições financeiras e ainda com uma criança de colo. Faltou de tudo: leite, fraldas, remédios, artigos de limpeza, higiene e alimentos. Aprendemos que na fumaça se vive um dia de cada vez. Não há abundância, é dependência total de Deus.

Era o tempo da fumaça, um tempo de humilhação, no qual não há honra, não há glórias, um tempo de incertezas. Não há cargos ou títulos, é quebra de orgulho. Passávamos madrugadas em claro em oração. Com as janelas abertas, víamos o dia raiar. Na fumaça, não há espaço para superficialidade. Profundidade é questão de sobrevivência.

Ferida na alma, eu experimentava aquele que seria o maior tempo de aprendizado da minha vida. Não entendia o processo, mas a certeza era grande que Deus estava trabalhando. O Senhor me visitava em sonhos e, neles, eu me via ministrando. Saía fogo pela minha boca.

Nem todas as minhas perguntas eram respondidas. Preciso alertá-lo(la): aprenda a confiar em toda a sua história com Deus e coloque em prática tudo o que Ele lhe ensinou. Deus se move na fumaça.

A luta aumentava, e os convites para ministrar não paravam. "Mas como sair para ministrar?", eu perguntava para mim mesma. Não tenho o que dar, estou ferida, não tenho roupa (durante um bom tempo, fui pregadora de um vestido só) — desculpa em cima de desculpa. Deus queria me treinar, me habilitar, mas eu ainda não entendia.

Jurandi, como sacerdote da casa, me levantava e dizia:

— Deus segue contando com você. Arrume-se, prepare a ministração e vá. Mova-se além das suas feridas.

Muitas vezes, ele me colocava em seu colo para poder chorar e dizia:

— É só uma fase. Vai passar.

Acredite, a fumaça é transitória, tem dia e hora para acabar. Fui forjada na fumaça e sei.

A igreja estava com o aluguel do imóvel atrasado. Tentamos de tudo: almoços, patrocinadores... mas, definitivamente, a grande maioria da membresia não estava conosco. Fomos sendo abandonados. Acusaram-nos de tudo o que era possível. O telefone da nossa residência não parava. Muitas das ligações eu atendia e era afrontada quase que diariamente. O fermento foi consumindo os poucos que ainda estavam ao nosso lado. As reuniões de "grupo" nunca pararam. Os membros sentavam-se em mesas, e nós erámos o cardápio. Diante das enfermidades, traições, dificuldades financeiras, abandono, rejeição, descrédito e limitações, decidimos por Deus devolver a igreja ao Distrito. E fomos engolidos pela fumaça!

Deus nos escondeu nela. Aprendi a conviver com o esconderijo. Nele, eu era habilitada e forjada. Fui treinada em cenário inóspito.

Por meio das vovós Aurea e Severina, da titia Vilma e da dinda Renata, Deus protegeu a memória infantil do Nathan. Elas foram sopro de vida em meio ao nosso deserto. Tempos de fumaça!

A debilidade física de Jurandi só aumentava. Mesmo medicado, as dores no quadril eram intensas, e ele chegava a tomar mais de dezesseis comprimidos por dia.

No verão, nossa luta se intensificava. Com a casa por terminar, as telhas faziam do nosso lar uma estufa. Antes de sair para trabalhar, eu deixava Jurandi sentado em um pequeno cômodo, que era o lugar que julgávamos ser o mais fresco da casa. Sol em sua força máxima, lá ia eu encarar o caminho a pé. Eu chegava ao alto do morro, contemplava aquele céu azul anil e a pergunta que não calava em meu coração era: "até quando Senhor?".

O tempo pela espera da mudança ainda me angustiava. Precisei aprender a ver o tempo como meu amigo, Deixei de viver esperando e passei a esperar vivendo. O tempo na fumaça é um presente de Deus. Passei a focar no meu progresso de transformação, parei de contar os dias, meses e anos, afinal de contas, não se prepara um odre da noite para o dia. Todas as vezes que Deus nos apontar um caminho novo, uma nova unção, inevitavelmente vamos ser pendurados na fumaça. Não fuja, não pule etapas, não aceite ser apenas couro cru cheio de bactérias.

O Senhor reorganizava nossa vida. Nunca deixamos de fazer a obra. Nos dias mais difíceis, foi ela que nos manteve vivos.

Estávamos tão imersos na fumaça que um dia o Senhor, teofanicamente, nos visitou. Subitamente, um vento que só acontecia dentro da nossa casa soprou forte. Olhamos para a janela da sala e todas as árvores lá fora estavam quietas. Portas e janelas, em ordem, batiam. Primeiro, a porta da cozinha; depois, as janelas do quarto e as janelas da cozinha; um redemoinho no meio da sala fazia circular os papéis da estante; e, por último, a porta de saída bateu forte. Eu disse a Jurandi:

— É o Senhor.

De imediato, abri a Bíblia e o verso que abri dizia: "Portanto, simplesmente, o vento conduzirá para longe todos os teus governantes que hoje te lideram". Era o vento da mudança.

A fumaça começava a se dissipar. Uma sensação de alívio tomava nosso coração. Deus preparou nossa mudança geográfica e, com ela, novos desafios.

Em uma manhã de oração, Jurandi saiu do quarto e me disse:

— O Senhor me falou que chegou a hora. Ele vai enviar você. Não tenha medo. O que Ele irá fazer será maior do que você mesma. Dedique-se hoje em oração. Entre no quarto, Ele lhe espera.

Seguindo a orientação, orei ao Senhor. A presença me abraçou e falou comigo por meio do envio de Jeremias, Ezequiel e Isaías.

Deus seguia usando seus profetas. "É chegado um tempo de honra", dizia o Senhor.

Em outros lábios, o Senhor se manifestava para dizer: "Soprarei seu nome." E sob essa palavra de envio sigo até os dias de hoje.

Um novo tempo chegou, quando o Senhor da fumaça me tirou.

As agendas se intensificaram. O Senhor me conduzia. Vidas eram transformadas pela palavra. Muitos se lançavam ao altar chorando e relatos de cura começavam a surgir. Mulheres dilaceradas em seus desertos pessoais começavam a ser erguidas de seus lugares de dores; outras, estéreis com laudos, começavam a gerar, a curar hemorragias; algumas, eram impulsionadas a assumir seus ministérios, congressos, conferências dentro e fora do meu estado.

Lembra dos sonhos que o Senhor me enviava no auge da fumaça: o fogo que saía da minha boca e as pessoas sendo arremessadas longe? Nele, o Senhor me mostrava o nascimento do Ministério da Palavra, pois só a palavra aliançada com unção é capaz de nos arrebatar a alma e nos lançar contra paredes. Jesus seguia fazendo o extraordinário.

Jurandi, depois de doze anos de espera, teve, enfim, sua cirurgia de uma das pernas realizada. Hoje, caminha sem muletas. Glória a Deus!

Em uma nova e mais profunda versão, lhe falo: aquilo que o Senhor forja no secreto, não permanece lá; Ele mesmo se encarrega de mostrar o odre pronto e curtido. Os que no passado me conheceram, nem de longe, imaginam que esta mais atualizada versão de mim mesma agora está bonita por fora e sarada por dentro.

“Quem foi forjada na fumaça não definha no calor do deserto.”

Miss. Cris Porto

Pra. Cristiane Perri

Sou Cristiane Perri, natural do Rio de Janeiro. Resido em Campo Grande com a minha amada família (esposo: Marcos Paulo e filhos: Rebeca María, Samuel Estevão e Raquel María).

Sou pastora e palestrante. Lidero um projeto de mulheres chamado Perfumadas Essency, e Deus tem, por meio desse trabalho, resgatado a essência verdadeira de cada mulher que decide viver e não se entregar à dor; a cada projeto, sentimos forte o cuidado de Deus em cada detalhe.

Eu sou um desses valores perdidos que Deus resgatou. Minha vida sempre foi uma superação diária. Desde o dia em que Deus me chamou, tenho vivido a sua bondade e tenho tido o privilégio de transbordar esse amor que recebo a cada dia que o Senhor me permite viver.

Essa sou eu, apenas um vaso que Deus achou graça em usar.

perricristiane.ofc

+55 (21) 99205-5237

perricristiane@hotmail.com

Improváveis + Resistentes

04 A SUA DOR VAI VIRAR REMÉDIO

Por Pra. Cristiane Perri

Quem é Cristiane Perri?

Uma mulher improvável, a "resistente" que eu não sabia que conseguiria ser.

A minha história lembra um "cadinho" só [risos] a história de dor da Hadassa, que teve que se apresentar como Ester. Era uma menina órfã de pai e mãe, com uma carência afetiva de família, cujos tios e parentes eram seu refúgio, porém Deus já tinha preparado o futuro de Hadassa, ou melhor, Ester, em meio a essa solidão. Há mensagem na dor.

No meu caso, eu não fui planejada pela minha mãe. Na verdade, quando ela soube que estava grávida, tentou tirar, porém os remédios não fizeram efeito. Ela mesma me contou. Deus permitiu que ela falasse, para eu entender, no futuro, que é o hoje, o porquê da minha existência e qual seria o propósito da minha vida.

Por que que minha mãe não me queria? Por causa da perda do meu irmão. Antes de mim, ela teve um menino (Paulo Sérgio), que faleceu com 29 dias de nascido, então ficou com trauma por essa perda. Afinal, pensamos com delicadeza como deve ficar o coração de uma mãe que vive essa dor.

Quando ela se viu grávida novamente, não suportou as lembranças e fez de tudo para interromper a gravidez, porém Deus não permitiu, porque já entrou na vida dela para dar uma gravidez com propósitos. Com o tempo, ela reconheceu que Deus tinha dado a ela não só uma filha, mas uma amiga.

Perdi meu pai quando tinha 7 anos de idade. Não tenho muitas recordações dele, mas senti o seu amor enquanto ele viveu. Já a minha mãe foi o meu porto seguro, alguém que eu queria ao meu lado para sempre. Eu tinha um medo "surreal" de perder a minha mãe. Meu peito doía só de pensar nessa perda.

Minha mãe foi uma guerreira, lutou muito para não deixar faltar nada para mim. Nosso convívio era muito especial (somente eu e ela), porém minha mãe foi uma pessoa muito enferma (da parte cardíaca). O tempo passava e os problema de saúde dela se agravavam cada dia mais, até que um dia alguém disse que Deus tinha uma obra a realizar na minha vida. Porém, eu nunca pensei sobre isso acontecer comigo; a minha perspectiva de vida era totalmente rasa em tudo, eu vivia para cuidar da minha mãe.

Comecei a trabalhar muito cedo para ajudar nas despesas de casa, pois ela já não tinha mais saúde para trabalhar, e Deus sempre falava sobre o que Ele queria fazer, mas, por conta da minha mãe, não conseguia ver nada do que me falavam, chegava a rir: "Eu? Ministrar a Bíblia? Nunca! Ainda zombava de crente, dizia que jamais seria isso que o povo me entregava da parte de Deus. Mas o Senhor não é homem para que minta nem filho do Homem para que se arrependa (Num 23:19) e, um dia, começou de fato o propósito que Deus disse que faria em minha vida.

Em dias comuns, eu me levantava e, antes de trabalhar, ajeitava as coisas em casa, dava café para minha mãe, arrumava tudo para a pessoa que ia cuidar dela não ter tanto trabalho. Mas, naquele dia, eu acordei mega-atrasada, pois não ouvi o despertador. Foi uma noite que dormi um sono muito pesado. Deus não me deixou vê-la partir, seria bem pior a cena para minha vida. Deus não deixa a dor ser maior do que possamos suportar. Eu dei um pulo da cama quando olhei o relógio e falei alto:

— Meu Deus, estou atrasada!

Levantei-me rápido, fui para a sala para ajeitar as coisas bem rápido e comecei a chamá-la:

— Mãe, levanta. Estou atrasada. Hoje não vai dar para te dar café.

E fui falando, falando, mas ela nada de me responder. Senti meu coração apertar, fui ao quarto ainda escuro, só com um pouco da claridade da sala, cheguei perto dela e, quando coloquei a mão nela, vi que estava gelada. Sinto essa sensação até hoje. Passei as mãos nos seus olhos e meu chão se abriu. Perdi o que eu nunca queria perder, mas não tinha noção do que eu estava para ganhar: o maior amor do mundo, Jesus Cristo.

A improvável começou a viver o processo da obra de Deus.

Que dor! Que processo! Uma sensação horrível, um buraco na alma. A depressão veio no instante do acontecido, porém foi diante dessa situação que Deus teve a possibilidade de me encontrar. Foi com a perda da minha mãe que encontrei o verdadeiro amor: Jesus Cristo.

Não tive mais prazer na vida, a depressão era minha maior companhia.

Quase sempre, acordava no hospital, porque os desmaios eram frequentes.

A minha vida sentimental desmoronou de uma forma horrível. Fiquei totalmente destruída. Eu me senti tão vazia e tão perdida!... A dor era extremamente insuportável, mas fazia parte do processo da minha transformação.

Improvável eu? Sempre fui, porém naquele momento eu precisava ser resistente.

Deus foi me conquistando, me fazendo, a cada dia, me apaixonar por Ele. O meu vazio começou a ser preenchido, eu me entreguei totalmente para Jesus e minha vida começou a ter sentido. Comecei a sentir uma essência de paz. Havia alegria em meu coração, algo que eu não conseguia explicar. Quem me via dizia: "Está apaixonada, hein, Cris!". Eu ria e respondia: "Por Jesus." Não tinha ninguém na Terra que eu quisesse mais do que a presença de Deus.

O Senhor me atraiu para Ele de uma forma muito especial, me levando a conhecê-lo na intimidade. A verdadeira essência da vida apareceu quando eu pedia a morte.

Dos 21 anos, idade com a qual perdi minha mãe, até os 26 anos, fiquei sozinha (órfã de pai e mãe e filha única), lutando para sobreviver e com Deus me guardando e manifestando o seu poder em amor, providência, socorro, abrigo, consolo e salvação. Nunca pensei que pudesse achar um amor assim tão perfeito, mas Ele me escolheu. "Não me escolhestes vós a mim, mas eu vos escolhi a vós..." (João 15:16). Ela também se achou um dia em sua vida perdida. "...este criara a Hadassa (que é Ester, filha de seu tio), porque não tinha pai nem mãe; e era jovem bela de presença e formosa; e, morrendo seu pai e sua mãe, Mardoqueu a tomara por sua filha." (Ester 2:7).

O processo de Hadassa também se deu por meio de perdas extremamente dolorosas, mas Deus sempre supre as nossas necessidades, sejam elas em qual sentido forem. O meu Deus suprirá todas as necessidades de vocês, de acordo com as suas gloriosas riquezas em Cristo Jesus. A nosso Deus e Pai, seja a glória para todo o sempre. Amém. (Filipenses 4:19-20)

O novo na vida de Ester foi assustador, porque ela teria que mudar sua rotina, mas não poderia perder a essência que Deus tinha liberado para ela. Seu tio começou a orientá-la em cada passo que ela precisava dar. Hadassa (Ester) conseguiu ser benção para o seu povo por meio das promessas que Deus liberou para ela.

É isso que Deus quer de nós, improváveis, que possamos ser resposta para as pessoas que Ele irá fazer passar por nós. Que possamos ser benção para o nosso povo e a nossa família. Que a grandeza da graça que nos alcança não nos tire o foco de quem é Deus e quem nós somos de fato. Quem somos? Uma Hadassa (uma Cris) que sempre será improvável e que Deus ajuda a ser sempre resistente.

Dia após dia, vejo que Deus não se limita por uma vitória e nem por uma conquista. A cada dia, os processos vêm para que novas conquistas e vitórias sejam realizadas nos improváveis de Deus.

Não sei qual a sua dor do momento, mas quero que saiba que, por trás dessa dor, há uma história incrível e, quando você a superar, será remédio para muitas pessoas, será testemunho e força. Só conseguimos superar, resistir aos processos dolorosos quando nos rendemos à vontade de Deus. "Se não fora o Senhor que estivesse ao nosso lado, ora diga Israel" (Salmos 124:1).

O salmista sabia bem o que era processo, mas em tudo ele via as mãos de Deus, livrando e abençoando.

Vai ser notória a presença de Deus na sua história. Além de você mesma ver, quem a conhece vai declarar: "Foi Deus na vida dele(a)."

Lendo a Bíblia, me deparei com um texto que foi um impacto de fé na minha alma. Quando li aquela história, minha alma se segurou na profecia.

> Porque há esperança para a árvore que, se for cortada, ainda se renovará, e não cessarão os seus renovos.
> Se envelhecer na terra a sua raiz, e o seu tronco morrer no pó, ao cheiro das águas brotará e dará ramos como uma planta. (Jó 14:7-9)

Ah, quando eu li esse texto, me derramei em lágrimas, porque tinha eu pego uma planta para cuidar que estava muito seca, sem vida, mas a raiz estava lá, apenas a aparência dela estava destruída. Comecei a cuidar da planta e dizia para ela, chorando: "você vai vencer, novas folhas vão aparecer, você vai ter alegria novamente".

E, lendo a Bíblia, me deparei com essa profecia: vai brotar novamente, ainda que tenha sido cortada, novos ramos brotarão.

E foi assim. Tive muitos cortes, sofri muitos golpes, mas em tudo Deus me sustentou, porque, na verdade, estava nascendo não só a improvável, mas a resistente.

Espero que minha história, minha dor, minha caminhada sirvam de combustível para sua vida.

Saiba que, para cada um de nós, Deus tem sempre uma resposta (Lucas 1:37), porque para Deus nada é impossível. Hoje pode estar doendo e doendo muito, mas amanhã você terá motivos para dar gargalhadas.

"Os que semeiam em lágrimas segarão com alegria. Aquele que leva a preciosa semente, andando e chorando, voltará, sem dúvida, com alegria, trazendo consigo os seus molhos." (Salmos 126:5-6)

Nunca se esqueça: tem mensagem na sua dor.

Pra. Cristiane Perri

"Tem mensagem na dor. A dor pela qual Deus permite que você passe vai virar remédio para alguém no futuro. Exale gratidão."

Pra. Cristiane Perri

Pra. Cynthia Oliveira

Graça e paz azeitadas!

Sou a pastora Cynthia Oliveira, da Casa de Oração Valentes de Davi, de Mesquita/RJ. Filha de Raul José e Lenira de Oliveira, mãe de Leonardo Filho e de João Raphael, que são os presentes mais valiosos que Deus me deu. Minha família, minha base!

Pedagoga formada pela Faculdade Integrada Simonsen e graduada pelo Seminário Nazareno como bacharel em Teologia, além do pastoreado, sou líder do ministério de intercessão do projeto Efésios 6, e tenho como objetivo alavancar mulheres para o reino de Deus.

Na minha trajetória, descobri que amar e servir a Cristo não me isentou de dores, traições e decepções, porém me deu forças para suportar o processo do amadurecimento e do crescimento. O meu desejo é que você suporte o processo, porque vai valer a pena.

pra.cynthiaoficial

Pra Cynthia Oliveira

Improváveis + Resistentes

05 ESCOLHI CRESCER

Por Pra. Cynthia Oliveira

Eu sempre fui uma criança diferente, que amava ir à igreja. Aos 12 anos, me converti; aos 14 anos, fazia parte do grupo de louvor da Igreja do Nazareno, em Nilópolis; aos 17 anos, me batizei e tive a alegria de ver minha mãe se reconciliando com Cristo. Havia uma crescente na minha vida, tudo parecia perfeito, porém havia uma lacuna na minha alma.

Estar em casa era como chegar à minha prisão. Não havia diálogo, não havia comunhão, havia muitas brigas, xingamentos e isolamento. O único com quem eu partilhava alguns momentos de sorrisos e descontração era com meu pai, mas por ele ser caminhoneiro, eu o via no máximo duas vezes na semana. Minha mãe, sempre muito ocupada com suas encomendas de bolos, tinha mais afinidade com minha irmã, que, por ser mais velha, a ajudava mais. Então, me sentia deslocada, sem função dentro da minha própria casa.

Optei por não fazer faculdade e me matriculei na primeira turma do Seminário Teológico Nazareno e, por isso, houve mais um dos muitos embates em casa, pois minha mãe não aceitava essa decisão. No último ano do seminário, conheci um rapaz, alguém que parecia que se importava comigo. Tínhamos amigos em comum, ele estava na igreja, era batizado, então pensei: "Esse é o príncipe que vai me salvar da minha prisão e, finalmente, vou ter a família que eu desejo!". Num período de dois anos e meio, me formei no seminário, ingressei na faculdade de Pedagogia e começamos a namorar, noivamos e nos casamos. Foi um dos períodos mais turbulentos, pois minha família não aceitava aquele relacionamento. Definitivamente, ele não era o genro dos sonhos, e eu, na minha imaturidade, tomei aquilo como um desafio para fazer dar certo.

Com apenas três meses de casada, engravidei do meu primogênito, Leonardo Filho. Como ficamos felizes! Era o sonho do meu marido ter um filho varão. Tranquei a faculdade, pois, à medida que a barriga crescia, ficava cada vez mais difícil realizar muitas tarefas.

Lembro que, quando meu filho nasceu e eu o trouxe para casa, pensei: "O que eu faço agora com essa criança?!". Apesar de eu o amar, havia algo errado dentro de mim. Cuidava dele da melhor forma que podia, a ponto de o meu marido dizer que havia perdido a mulher para o filho. Mal sabia eu que estava tendo uma depressão pós-parto diagnosticada tempos depois. Nossa situação financeira ficou muito difícil, e tivemos que ir morar na casa da minha sogra.

Vale ressaltar a minha gratidão por essa mulher, Wilma Gonçalves, que me acolheu em todos os aspectos, abrindo sua casa, sua vida, sua intimidade para cuidar de mim, como até hoje cuida, porque nossa aliança foi firmada no céu. Eu a amo demais.

Nesse período, engravidei novamente e, com oito semanas de gestação, tive com um sangramento intenso e dei entrada no Hospital Geral de Bonsucesso, de onde fui transferida para o Hospital Pro Matre, pois havia risco de septicemia. Foi, então, realizada uma curetagem de urgência, porque o feto já estava morto há alguns dias. Tempos depois, Deus nos abençoou enviando pessoas que viabilizaram a construção da nossa casa no quintal dos meus pais. Cerca de dois anos após a mudança, engravidei novamente e, com dez semanas de gestação, o quadro se repetiu. Fomos direto para o Hospital Pro Matre, onde eu sentia literalmente o espírito da morte. Pedia para o meu marido cuidar do nosso filho, porque sentia que ia morrer. O sangramento era intenso e eu colocava lençóis para contê-lo. Esse foi o meu primeiro vale da sombra e da morte, mas a boa mão do Senhor me sustentou quando eu mesma não tinha forças. Eu sentia a morte, mas Deus tinha vida. Eu já tinha desistido, mas Deus nunca perdeu o controle. Foi uma experiência tão impactante e traumática que, quando acordei após a curetagem, chamei meu marido e disse a ele que nunca mais queria ter filhos, que ele nunca mais nem tocasse nesse assunto.

Eu, sempre muito envolvida com a obra na igreja, fui líder de todo o ministério de educação, onde via Deus atuando e prosperando a obra. Porém, a minha casa, a minha família e o meu casamento não correspondiam à prosperidade do meu ministério, mas eu pensava que, por sermos crentes, Deus iria fazer a obra e tudo aquilo iria passar.

Anos depois, tive uma visão. Era um bebê lindo, loirinho, entrando pela porta do meu quarto de fraldinha e sorrindo para mim. Ele dava meia-volta e saía do quarto. Foi tão real que me levantei e fui procurar aquela criança. Por não achar nenhum vestígio, entendi que era uma mensagem de Deus avisando que eu engravidaria novamente e que, dessa vez, essa criança nasceria. Afinal, Ele já tinha me provado que tem todo o controle.

Semanas depois, chegou a notícia da gravidez, regada com muito choro, pois eu não queria passar por tudo aquilo novamente. Foi a gravidez mais desafiadora, turbulenta e solitária pela qual passei. Cada mês de gestação era uma suspeita e um diagnóstico diferente, como: má-formação cardíaca, síndrome de Down, má-formação da coluna vertebral. Quando se faziam os exames mais específicos para a comprovação dos diagnósticos, Deus bradava com cura e milagre e, para a glória de dEle nasceu João Raphael, perfeito e saudável. Como está dito em Números 23:19: "Deus não é homem para que minta e nem filho do homem para que se arrependa. Acaso Ele fala e deixa de agir? Acaso promete e deixa de cumprir?". Nosso Deus zela pela Sua palavra. Ele tem o controle e o domínio sobre todas as coisas. A mão dEle faz o que a sua não pode fazer. Ele é fiel!

Após o nascimento do nosso segundo filho, eu esperava que meu relacionamento conjugal melhorasse, que aquele afastamento e o sentimento de abandono finalmente se findariam. No terceiro mês de nascido, levamos João Raphael para ser consagrado ao Senhor. Foi uma festa linda, mas mal sabia eu o que me esperava, pois, na noite seguinte, meu marido me chamaria para conversar dizendo que iria embora de casa e eu, sem acreditar no que estava ouvindo, o interpelava e o convencia a não ir usando toda a minha retórica e meu poder de persuasão. Esse martírio durou pouco mais de dois meses, entre conversas, muito choro e orações por restituição do meu casamento, até que um dia, ao retornar à noite do meu trabalho, o encontrei no quarto com as malas prontas e dizendo que iria embora. Quando eu ia começar o meu discurso, tive uma experiência que marcou minha vida. Parecia que tudo à minha volta havia congelado, e eu não ouvia mais nada. Via os gestos dele, mas não ouvia nenhum som que ele produzisse. Uma presença entrou naquele quarto tão gloriosa, tão intensa, que gelou a minha alma. Eu ouvia uma voz como um trovão em toda sua força, mas cheia de amor, me dizendo: "Até quando você vai prender ele aqui? Deixe-o ir, porque Eu vou ensiná-lo lá fora!". Aquela voz se dissipou, e eu retornei a ouvir o barulho à minha volta e, tomando a palavra, disse:

— Se você quer ir embora, pode ir. Eu não vou mais prender você aqui!

Naquele momento, entendi que aquela voz de trovão que gelou a minha alma era o próprio Deus me direcionando, pois, em Isaias 30:21, nos é garantido que "Deus nos conduziria no caminho que devemos andar!". E muitas vezes esse direcionamento vai na contramão daquilo que queremos e até daquilo pelo que oramos. Deus me disse: "Deixe-o ir!" e, por mais que isso me rasgasse por dentro, eu o deixei ir no âmbito físico, mas a minha maior luta seria deixá-lo ir da minha alma.

Passei por um quadro de depressão muito grave, durante o qual só me levantava para amamentar meu pequeno bebê que dependia de mim. Minha sogra, junto com tia Maria, praticamente moraram na minha casa, cuidando de mim e das crianças por aproximadamente quatro meses. Deus sempre levanta alguém para estender a mão e nos ajudar.

Certo dia, minha sogra me disse:

— Não há mal que dure para sempre. Vai passar!

Essas palavras vieram como fogo na minha alma, e eu repetia todos os dias: "Vai passar!".

E o tempo passou, porém o sentimento que eu tinha era de que toda a minha vida tinha vivido dentro de uma cúpula de cristal, de onde a porta foi aberta e algo me impulsionava a sair e ver o mundo lá fora tão desconhecido e tão cheio de coisas novas. Eu me afastei da igreja, pois não conseguia estar no ambiente que tanto me fazia lembrar da família que não tinha mais. Em três meses afastada do evangelho, conheci um pouco do mundo, entre festas, relacionamentos amorosos e até um convite que recebi para ir a uma igreja onde vivenciei uma das mais fortes experiências espirituais até então. Os cultos eram avivados e havia tanto poder de Deus sendo manifestado naquele lugar que eu só chorava e sabia que Ele estava me tratando. Recebi o convite para um retiro que fariam e era chamado de Encontro com Deus. Esse retiro mudou toda a minha visão de evangelho, de poder de Deus, de experiência com Ele. E lá fomos desafiados a nos recolhermos a algum lugar daquele sítio para falarmos a sós com o Eterno. Na minha simplicidade, relatei toda a minha história de dor, de rejeição, de traição e de indignação por ter sido tão atuante no evangelho e fiel e Deus ter permitido acontecer tudo aquilo comigo. E mais uma vez aquela presença que havia sentido no meu quarto tempos atrás se manifestava ali me dizendo: "Filha, ou você cresce ou você morre? O que você decide fazer?". E eu, em meio a lágrimas, disse:

— Eu decido crescer!

Naquele mesmo instante, a presença se dissipou, mas me deu forças. Algo mudou dentro de mim. Eu senti que finalmente havia saído de dentro da cúpula de cristal e estava motivada a conhecer o desconhecido. Eu me divorciei, pois descobri que foram anos e anos de traições, então decidi que daquela sujeira eu não queria fazer parte e que Deus teria algo melhor e mais honroso para mim. Retornei para a faculdade, mudei de emprego, comprei meu primeiro carro e pude usufruir de viagens e passeios com meus filhos.

Hoje, sou pastora auxiliar em uma comunidade auxiliando pessoas a descobrirem em Cristo seu potencial e seu valor. Deus mudou minha história, minha trajetória, e daquela mulher frágil e dependente emocionalmente o Senhor fez uma guerreira que criou seus dois filhos, que hoje não se intimida com a adversidade e tem a coragem de enfrentar o desconhecido, pois Ele não perde o controle de nada!

Meu desejo é que, ao ler minha história, você se desafie a crescer em Deus. Deixe Ele conduzi-la para tudo aquilo que já preparou para você.

"Do deserto ao oásis da intimidade!"

Pra. Cynthia Oliveira

Pra. Débora Moura

Eu sou a Débora Moura, filha de Antônio Moura e Iraci Moura, mãe da princesa Ana Beatriz e exerço o Ministério Pastoral na Igreja Evangélica Novo Amanhecer em Cristo (IENAC), Ministério Raízes, no Rio de Janeiro.

Sou pastora, escritora, cantora, compositora, terapeuta, estou em formação em Psicanálise e para bacharel em Teologia, mentora de mulheres e dos projetos Improváveis + Resistentes, Raízes, Mulheres Blindadas e Espaço Terapêutico Menina dos Olhos de Deus.

Amo a minha missão, e meu objetivo é ganhar muitas almas para Jesus.

pradeboramoura_oficial

Débora Moura

youtube.com/deuseminhamidia

Improváveis + Resistentes

06 NÃO ABORTE A SUA MISSÃO, ELA VAI NASCER!

Por Pra. Débora Moura

Quando eu nasci, foi um período turbulento para minha mãe. Segundo o relato dela, depois que nasci, ela ficou três meses de cama, com muitas dores, não conseguia me segurar e muito menos me amamentar, pois o médico deixara pedaços de gaze dentro dela. Minhas tias cuidavam dela, de mim e dos meus três irmãos.

Deus já tinha um plano para minha família. Minha mãe relatou que Deus levou uma irmã em nossa casa, que orou por ela, e o Senhor destruiu o laço de morte. Minha mãe se recuperou e se envolveu mais com Jesus. Eu e meus irmãos crescíamos na igreja, e minha tia cuidava de nós enquanto minha mãe viajava em missões e meu pai trabalhava a semana inteira. Íamos para a escola e para a igreja, mas, desde crianças, estávamos envolvidos na obra do Senhor. Enquanto minha mãe dirigia o círculo de oração, quando não estava viajando, nós a acompanhávamos — e ai de nós se não fôssemos —. E isso acontecia também nos cultos de libertação, vigílias, escola dominical etc.. Quero louvar a Deus pela vida da minha mãe e do meu pai, porque eles nos deram uma ótima educação, lutaram e deram o seu melhor para nos dar o melhor. Hoje, a mulher que eu sou, a mãe que eu sou, sou porque eles que me ensinaram a ser forte, determinada e porque minha mãe me ensinou a amar Jesus acima de tudo.

A estrutura que tenho hoje me foi dada dentro da igreja. Eu amava cantar, e minha primeira pregação foi ainda criança, quando gravei um compacto com dois louvores. Quando eu tinha 15 anos, minha mãe me gravou e saiu meu primeiro disco. Na época, com o disco, cantei em várias igrejas, viajava com minha mãe para vários estados do Brasil e fazia programas de rádio com ela. O ambiente em que crescíamos era de busca, entrega e milagres, e eu sabia que filho de crente não é crente, então precisava ter um relacionamento com Deus, porque a salvação é individual. Com esse relacionamento, eu começava a ter experiências no campo missionário de ver Deus curar, libertar, salvar e batizar com o Espírito Santo. Você se entrega para Deus, e Ele se revela a você.

Eu me recordo que, entre os meus 18 e 19 anos, passei o maior deserto da minha vida, aquele em que é você e Deus, aquele em que você fica literalmente sozinha, não tem pais, irmãos, amigos que possam impedir quando o Senhor quer lhe ensinar. Eu perguntava a Deus: "por quê?", pedia respostas, sinais, mas parecia que minha oração não passava do teto e que o céu era de bronze. Eu gritava e pedia: "Deus, fale comigo", e Ele silenciava. Vou afirmar para você que Deus nos leva ao deserto e somos conduzidos pelo Espírito Santo para um grande aprendizado. Deus levou seu povo para o deserto com o único propósito saber o que tinha no coração deles, ensiná-los a servi-Lo e depender dEle. (Deut 8:2-4)

Deus queria me ensinar, me dar maturidade, me levar a níveis altos, mas minha mente não alcançava, porque eu estava focada na minha dor. Se você foca na dor, ela a domina e a faz acreditar que nunca vai passar e que você terá que morrer para ficar livre dela. Uma dor me consumia, porém eu nunca me desviei dos caminhos do Senhor. Mesmo assim, eu cantava, pregava, pois eram esses os momentos em que esquecia da dor.

Dias e anos se passavam e a dor piorava. Em uma tarde, andando, eu percebi que estava diante de um viaduto e comecei a ouvir: "Se joga. Acaba logo com essa dor. Esse cenário não vai mudar. Ninguém quer você por perto, nem a sua família, nem seus amigos e nem a sua igreja. Arranca logo essa dor, porque você não é importante para ninguém nesta terra. Se você fosse, eles não a teriam abandonado e enterrado viva." Hoje eu sei que estava com depressão, que é uma doença da alma. A pessoa com depressão não tem propósito, não tem caminho, ela não sabe o que precisa fazer, não sabe para onde ter que ir, qual o próximo passo. É um desânimo e um cansaço constante. A depressão é um convite para você questionar tudo e todas as áreas da sua vida. Eu estava depressiva, sim, e ninguém poderia me ajudar, era o que eu acreditava. Eu posso lhe dizer que sei o que é depressão, pois senti os estágios dela, mas, como pastora, não posso deixar de afirmar também que satanás estava por trás disso, porque o único que quer nos destruir e nos convencer de que não somos importantes, que não há saída, que não há salvação e que não há mudanças é ele. A Bíblia diz que o ladrão veio para matar, roubar e destruir, mas Jesus veio para dar vida e vida com abundância (João 10:10). Se você está passando por uma depressão, eu declaro, enquanto lê, a cura sobre a sua vida, a clareza sobre a sua mente, o refrigério na sua alma, um novo tempo, a restauração, o renovo. Jesus vai mudar esse cenário. Ele mudou o meu e vai mudar o seu também. Creia.

Enquanto aquela voz falava ao meu ouvido e a dor aumentava, eu ia sendo convencida de que a única forma de me livrar da dor era me jogando e, quando peguei o impulso, uma amiga chegou, segurou o meu braço e falou:

— Não faça isso. Deus tem uma obra muito grande com você e vai mudar a sua vida.

Eu chorei copiosamente, e ela me tirou dali. Confesso que o deserto continuou, mas o que a amiga pronunciou não saía da minha cabeça, e eu guardei aquela frase comigo. Guarde o que Deus falou. Você precisa acreditar no que Deus tem na sua vida. Você não é obra do acaso, pois Ele lhe trouxe a este mundo para um propósito.

Hoje, eu entendo que quase cheguei a abortar os planos de Deus para minha vida. Se eu me jogasse daquele viaduto, não estaria aqui escrevendo mais um capítulo da minha história. Se Ele não tivesse um plano para você, este livro não chegaria às suas mãos. O Senhor cria caminhos na tormenta.

Abortar é desistir de algo que está sendo gerado ou interromper algo que ainda não está pronto. A palavra de Deus é muito clara quando diz que não temos autoridade para encerrar a vida de qualquer outra pessoa. "O Senhor é o que tira a vida e a dá; faz descer a sepultura e faz subir dela." (1 Sm 2:6). Só Deus tem o poder da vida e da morte.

Existe o aborto espontâneo e o aborto induzido. No espontâneo, a pessoa

que está gerando perde sem querer perder, por problemas internos, e o motivo pode ser a genética. Em uma visão espiritual, existem abortos espirituais. Às vezes, você começa bem na caminhada e acha que tudo está dando certo, mas, então, a sua vida drasticamente é interrompida, vira de cabeça para baixo e você se depara com várias situações, começa a perder pessoas e coisas — quem sabe o casamento que de repente acaba porque você foi substituída por outra; quem sabe aquele noivado para o qual se preparou, fez o enxoval e, quando pensou, que iria acontecer, foi interrompido; quem sabe aquela sociedade que você tanto desejou e na qual investiu, mas simplesmente a empresa faliu ou você sofreu uma traição; ou aquela promoção que era sua porque se dedicou, se esforçou, mas não chegou para você, foi para outra pessoa? Calma! Deus está permitindo isso para evitar algo pior lá na frente. Ele conhece você por inteiro, sabe suas limitações, seus deslizes e o que perde hoje, com Deus, é lucro, porque, quando você gera algo e Ele permite ser interrompido, é porque tem algo maior e melhor e que vem duplicado. Quem não lembra de José que vivia com seu pai e irmão, mas teve interrompida essa convivência, o desfrutar em família, porque ele foi vendido pelos seus próprios irmãos, se tornou escravo e foi preso injustamente? Vemos José sofrendo muito, mas suportando todo o tipo de interrupção. Ele perseverou em meio à dor, se tornou governador e, no final, voltou à convivência em família. Deus trabalha para aqueles que nEle esperam. Você tem colocado Deus no governo da sua vida? Então Ele vai sondar, fiscalizar pessoas que se aproximam de você e, se não estiverem na mesma direção e no mesmo propósito, vai tirar, arrancar, afastar. "Pois eu bem sei os planos que estou projetando para vós, diz o Senhor; planos de paz, e não de mal, para vos dar um futuro e uma esperança" (Jr 29:11).

E o aborto induzido é quando algo que está sendo gerado é interrompido voluntariamente, é provocado por nós mesmos, por causa das nossas frustrações. Elias, quando vai para o deserto, está frustrado, pois, depois que ele derrotou os profetas no monte Carmelo, achou que Jezabel se curvaria a Deus, mas ela teve uma postura diferente e mandou um recado de que faria com ele a mesma coisa que ele havia feito com os profetas de Baal, então ele se frustra (1Reis 18:19-22). Talvez você queira abortar, abrir mão do que Deus tem com você, porque não está sendo como imaginou ou projetou, porque não é aceito ou não é reconhecido, mas entenda, ministério é responsabilidade, é entrega diária, é renúncia, mesmo quando não se quer renunciar; é ser vendido, ser rejeitado, é ser perseguido, mas tendo o maior investidor do seu lado, Jesus. Mesmo Elias querendo morrer, desistir, achando que estava sozinho, o anjo aparecia e lhe dizia para comer, então ele comia. Essa obediência não permite que ele aborte o seu ministério. Elias não aborta o seu chamado, pois ele era um frustrado obediente. Por favor, prefira ser um frustrado obediente a abortar o que Deus preparou para você. Não abra mão do ministério lindo que Ele lhe deu. Você não pode ser aquela pessoa que, antes de gerar algo, já desiste. Você não pode desistir agora. Mesmo que apresente os porquês, eu lhe afirmo que abortar um ministério, um chamado, é o mesmo que dizer para Deus "eu não Te quero e nada do que podes me dar", é rejeitar o próprio Deus. Obedeça o chamado, acredite no que o

Senhor tem para você, porque há esperança, há uma mudança que já está acontecendo. Tire o foco da dor e mergulhe no que Ele tem para sua vida. Deus está fazendo história com você. Eu sei que alguns capítulos são difíceis, mas eles estão forjando e preparando você. Aprendi com Deus que toda pessoa improvável passa por interrupções, mas jamais aborta a sua missão, porque todo improvável tem um grande propósito nesta terra.

Ainda bem que não abortei o chamado de Deus. Ainda bem que não pulei daquele viaduto. Olhe eu aqui! Sou mãe, cantora, pregadora, escritora, compositora, terapeuta, estou em formação em Psicanálise, sou pastora de uma igreja e amo apascentar. Sou líder de quatro projetos que Deus me confiou e, por meio deles, ganho muitas almas.

Eu declaro que tudo o que você está gerando não será interrompido. Você não vai abortar, vai nascer, porque tudo pelo que está passando a deixou mais forte e resistente. Não é qualquer palavra que vai pará-la, não é um cenário que vai frustrar, mas também não é com os aplausos nem com aprovação humana que você será motivada, mas, sim, com o que Deus liberou sobre a sua vida, com tudo o que os céus determinou para você.

Enxugue as lágrimas, improvável! Viva cada etapa, viva cada capítulo, cumpra a sua missão, mas jamais esqueça que é Deus quem escreve a sua história. É Deus quem escreve a história de uma mulher improvável.

"Pessoas improváveis passam por interrupções, mas jamais abortam a sua missão."

Pra. Débora Moura

Elissandra Fernandes

Eu me chamo Elissandra, tenho 41 anos e sou casada com Marcos Aurélio, de 45 anos, há 25 anos. Dessa união, nasceram sete filhos, quatro meninas e três meninos, e, para nossa alegria, a família cresceu e temos um casal de netos. Residimos na cidade de Marília/SP, onde somos pastores presidentes da Igreja Pentecostal Ministério Resgate para Cristo há aproximadamente doze anos. Aqui fazemos a obra do Senhor no bairro onde fui criada.

Trabalhei anos como cabeleireira e na área da culinária e da confeitaria. Hoje, trabalho como cozinheira em uma clínica de repouso para idosos. Depois do vento, Deus vem honrando nossa família.

pra.elissandra

+55 (14) 99807-6657

elissandrafn35@gmail.com

@PRA.ELISSANDRA

07 SUPORTAR A PROVA E VIVER PROMESSAS

Por Elissandra Fernandes

Em 2011, na gestação do meu quinto filho, apresentei as primeiras crises de falta de ar. Uma delas foi tão intensa que fui levada ao Hospital Materno-Infantil aqui da cidade, onde fizeram exames e me mandaram para o Hospital das Clínicas com crise aguda de asma. Depois de exames, disseram que eu estava com H1N1, que iria para o isolamento. Eu estava evangelizando uma moça com anemia autoimune, ela perguntou e eu falei que, sim, estava com H1N1. Ela se virou para o lado, e eu fui ao banheiro daquele hospital, me ajoelhei e disse ao Senhor que, se Ele estivesse Se agradando de mim em Sua obra, que me desse a oportunidade de voltar para a casa, pois havia quatro crianças à minha espera. Meu choro durou 45 minutos e, quando chamaram meu esposo, eu pensei: "agora estou morrendo e não estou sentindo", mas era a resposta de Deus. Disseram que algo aconteceu e que não era H1N1 e que eu iria embora. Para quem estava indo para o isolamento, vir embora de madrugada de moto sorrindo e dando glória foi ótimo.

Meu filho nasceu, as crises aumentaram e veio no diagnóstico de asma grave e de difícil controle. Eu passei a ter internações todo ano com crises de broncoespasmos severos. Depois, passei para três vezes no ano, com crises terríveis e muito sofrimento. Logo, fiquei conhecida no hospital e ouvi falar, na vez de uma estudante:

— Logo você vai morar aqui conosco. Suas vias respiratórias estão sendo destruídas.

Era muito sofrimento. A cada crise, minhas veias estouravam, eu ficava toda roxa e eram de 8 a14 dias de internação.

O quadro só piorava e as minhas internações eram todas em UTI. Eu saía de casa de resgate. Nos últimos cinco anos, vi a morte de perto, tive crises terríveis, e meus filhos presenciando a mãe sem conseguir andar, só na cama. Quando me levantava, ir ao banheiro era um sofrimento. Tinha que deixar a inalação pronta, as almofadas na cama e ficar debruçada.

Muitas vezes, faltava oxigênio e eu passava 3 horas em pé, sem poder me mover, com o inalador ligado, tentando respirar e, em pensamento, louvando ao Senhor, com as lágrimas caindo. Todos dormiam em noites de frio, e eu em pé, lutando para respirar. Para ir ao culto, meu esposo colocava a moto na porta da sala, eu fazia umas três bombinhas para subir na moto, descia na porta da igreja e mais bombinha para chegar ao altar. Que tristeza ter que ficar limitada na casa do Senhor!

Nesse processo, engordei 30 quilos por falta de me movimentar e muitos corticoides. Em 2019, tive a primeira parada cardiorrespiratória, fiquei entubada por dias e vivi o julgamento. Era para ser a morte, mas Jesus chegou com vida. Quando meu médico me viu na enfermaria com sonda para urinar, deu um pulo e já pediu que tirassem a sonda, pois o cenário era de morte.

As crises foram ficando piores e, nas seguintes, saia do hospital já meio desestabilizada e logo vinham outras crises. Eu ia levando. Em casa na cama já estava perdendo os sentidos e o controle fisiológico, me urinando, e com todos achavam que eu ia morrer, mas não deixei de adorar a Deus.

Em toda internação, Deus me apresentava um louvor novo. Ali, eu já orava para as pessoas, fiz amizade com as meninas da limpeza da enfermaria e com as da cozinha, que cuidavam tão bem de mim e já me conheciam. Em meus sonhos e projetos, eu já nem pensava mais, só adorava e agradecia cada volta para casa, Eram noites sombrias de quase morte, o desespero era grande, o cenário era desesperador, as tomografias causavam espanto, vidro fosco, isolamento, exame de H1N1, tuberculose...

Em 2021, fiz um curso de limpeza de pele, fiquei muito feliz e, três dias depois, ouvi uma voz dizendo:

— Ela vai fazer limpeza de pele no inferno.

Isso era uma segunda-feira e falei para minha filha:

— Vamos orar porque tem fúria vindo aí.

Na sexta-feira, eu falei para meu esposo:

— Vou descansar. Já me levanto, faço a janta e tomo banho.

Cochilei e, quando acordei, já não podia me mover. Quando consegui me levantar, já faltou o oxigênio, me urinei e saí de casa praticamente desacordada. Ali satanás tinha decretado minha morte. Fui entubada na UPA e, dali, fui para o Hospital das Clínicas, que não conhecia meu caso. Meu esposo veio buscar a papelada e os exames dos longos anos, e ali eu fiquei praticamente morta. Quando meu esposo voltou com a documentação, eu já estava para ser transferida para o hospital em que eu era hospitalizada, mas o inimigo já se deu por vencido. Cheguei lá bem ruim. No meu estado, o que minha família ouvia era que eu era forte, mas daquela vez não estava respondendo ao tratamento, era para esperarem a morte.

Minha família chorando aqui e eu vivendo algo terrível no mundo espiritual. Deus me revelou as obras que foram feitas para eu perder a vida. Foi muito sofrido. Creio que, no décimo terceiro dia de tudo, o tubo entupiu e, na troca, tive mais paradas. Naquele momento, eu vi todos os que fizeram mal a mim e disse:

— Deus pode me levar.

Eu estava muito inchada. Estava no estado de morte. Meu esposo chegou para a visita das 17h e o médico falou:

— Amanhã vamos fazer a traqueostomia.

Então, pediu para meu marido assinar e disse:

— Quase a perdemos. Ela está cem por cento respirando por aparelho já faz dias e nada mudou.

Nessa hora, eu estava em batalha espiritual, vi pessoas, oferendas e disse:

— Podem fazer isso comigo, mas não vão sentir o cheiro que estou sentindo.

Vi um rio cristalino e senti um cheiro inexplicável. Meu esposo saiu, naquele domingo, arrasado. Como dizer aos sete filhos que a mãe não voltaria para casa. Eu estava entubada e com uma sonda para me alimentar e outra para urinar, irreconhecível. Uma amiga que conheci em internação foi ao trabalho da minha filha e disse:

— Na UTI, tem uma mulher com o nome da sua mãe, mas não é ela.

Minha filha respondeu:

— É ela, sim.

Meu esposo voltou na segunda para me ver em estado de quase morte, agora com uma traqueo na garganta. No horário em que foi marcada a traqueostomia, eu saí do tubo, impressionada com tudo o que Deus me mostrou durante a entubação e o que falou que irá acontecer até a sua volta. Entendi que arrependimento e perdão é o que nos levará ao céu. Mas minha agonia não terminaria ali. Além da internação sofrida e triste, descobriram aspergilose no meu pulmão. Tomei medicamento — cheguei a tomar oito comprimidos —, mas era como água. Voltei a ser hospitalizada e cada vez mais grave. Na última vez, fizeram broncoscopia, biópsia, e foi uma internação bem tensa.

Saí dessa internação e não estava bem. Tinha falta de ar, estava em sofrimento e não consiga fazer nada. Em um domingo, indo para a igreja, não conseguia amarrar meu tênis e, na agonia de falta de ar, meu esposo se disponibilizou, mas eu disse:

— Não vou conseguir. E segui com muita dificuldade, mas, pela primeira vez, não saiu uma palavra no altar, só lágrimas. Nessa oração de dor, eu falei a Deus:

— Se quiser me levar, pode me levar, pois até aqui não tenho mais vivido, e sim sobrevivido. Tenho pedido para o Senhor me deixar cuidar dos meus filhos nem que for da cama, mas hoje, Senhor, se for a sua vontade, eu aceito descansar,

O confronto não nos mata, nos levanta com autoridade. Meu esposo, preocupado, já havia dito que nós iríamos à UPA. Eu me levantei da oração de lágrimas e sem palavras com o coração sangrando pelo fato de não conseguir mais fazer as coisas básicas. Fui ao banheiro falando com Deus:

— Senhor, as minhas promessas, os meus sonhos... Eu vibrei com cada sonho e conquista ao meu redor. A cada vitória meu coração se enchia de alegria. Agora estou morrendo, e meus sonhos não aconteceram, mas o Senhor continua sendo o Deus da minha vida.

Tossi muito e, da minha boca, saiu uma secreção, que era diferente das outras. Sentei-me no altar para quem não estava com seguindo falar, já estava no "glória e aleluia". Meu esposo me disse:

— Vamos à UPA.

E eu respondi:

— Eu vou é ministrar.

E hoje já fiz um ano e quatro meses sem internação, um ano e dois meses sem crises, e isso para quem não andava 50 metros. Hoje estou trabalhando. Nunca tive um registro na carteira por optar por cuidar de perto dos filhos. Este ano, tive meu primeiro registro. Este é o ano da virada. Toda vez que eu chorava e pensava que era o fim, algo se movia dentro de mim me dando força. Meu médico disse que eu estava no último estágio da doença. Nesse deserto, Deus me fez crescer, me curou da depressão, me presentou com verdadeiros amigos, me fez entender o poder da oração e da confiança nEle, de amar aqueles que não nos amam e de não desistir.

Ainda que o cenário fosse de morte, de perda, de destruição, Deus chegou quando as minhas forças se acabaram, pois o Seu poder aperfeiçoa-se na nossa fraqueza. Eu podia estar no pior dia de crise, mas me arrumava e mostrava que estava bem. Não queria que ninguém tivesse sentimentos de pena ou de descrédito no projeto Deus em minha vida.

As noites de sofrimento serviram para eu amadurecer. Foram doze anos de luta desses doze e meio de quase morte, e eu dizia que Deus era bom e fiel. Muitos não acreditaram que o nosso Deus iria fazer algo por mim. Quantas vezes ouvi: "mulher muito ousada, mas não sai do hospital", mas no hospital vivi experiências impactantes, vi histórias de superação, pude ser a boca de Deus para outras pessoas. Quando paro e vejo todo o sofrimento que passei, as dores, eu não acredito que estou aqui, que suportei tantas coisas, para a honra e glória do Deus vivo.

Nunca pensei em desistir de Deus, de adorar a Deus. Mesmo no processo, dizia: "Deus vai fazer. Deus vai restaurar. Deus está fazendo milagres." Hoje, eu posso dizer: não desista de um sonho. O cenário pode ser de perda, mas Deus tem restrição; pode ser de morte, de tragédia, mas o cenário não limita o poder de Deus e nem a Sua vontade. Se você está passando por um processo assim, aguente firme. Jesus está chegando para mudar a sua vida e sua história.

Ele mudou a minha vida por completo e está restituindo tudo o que o inimigo tentou roubar. Foram anos de frustração, olhares, mas Deus, usando pouca força, nos prova e aprova. Para sermos aprovados, temos que passar por alguns processos que nos tornam resistentes. Hoje, eu posso cantar. A prova eu venci, lutei e venci. Posso profetizar que essa luta, para o nosso Deus, é nada.

"Quem suporta processo vive promessas!"

Elissandra Fernandes

Fernanda Nunes

Sou Fernanda Nunes, casada há doze anos com meu esposo, Bruno Levi. Sou natural de São Luís/MA, onde resido atualmente, pastora, microempresária, mãe de Aelson Carlos e Marcelo. Também sou avó de Ada Fernanda, Ester, Thalita e Íris.

Minha jornada pela vida tem sido repleta de desafios, superações, momentos tristes, mas também de alegrias inesquecíveis. Ao olhar para trás, percebo como Deus esteve presente nas experiências que vivi para moldarem a pessoa que sou hoje. Essa é uma história de revelações, aprendizados e crescimento espiritual, repleta de lições valiosas que fortaleceram minha fé e me prepararam para o chamado de Deus.

Convido você a embarcar nesta jornada comigo, enquanto revelo algumas páginas da minha história.

+55 (98) 98137-3655

nnandalevi@gmail.com

Improváveis + Resistentes

08 SUPERANDO DESAFIOS PARA APRENDER A SER SERVA

Por Fernanda Nunes

Aos 13 anos, eu vivia em um lar totalmente desestruturado. Inúmeros problemas familiares levaram ao fim do casamento dos meus pais. O término do relacionamento levou meu pai a uma decisão inusitada: ele vendeu nossa casa e gastou todo o dinheiro com bebidas. Diante disso, fomos obrigados a nos mudar para uma palafita em um bairro chamado São Francisco. Em nossa nova casa, a inundação era um problema constante e, com ela, vinham ratos, fezes e umidade, que em pouco tempo causaram um grave problema respiratório em minha mãe. Mesmo sem conhecer Deus, mas crendo em sua existência, eu insistia em um pedido de socorro para sairmos daquele lugar, porém não houve mudança.

Aos 14 anos, desmaios repentinos e sangramentos pelo nariz eram indícios de que algo estava errado com minha saúde. Após sofrer uma parada cardíaca durante um exame de cateterismo, precisei passar um período na UTI, onde um marca-passo externo ajudava a regular o funcionamento do meu coração.

Foi constatado que eu nasci com um sopro no coração. Os médicos acreditavam que o único tratamento disponível para corrigir esse defeito era uma cirurgia que precisava ser realizada dentro de trinta dias. Não se tratava de melhorar significativamente minha condição de saúde, mas, sim, de salvar minha vida.

Algumas pessoas, mesmo tendo a saúde perfeita, insistem em colocar dificuldades para obedecer à vontade de Deus. Aquela foi apenas a primeira das cinco paradas cardíacas que eu já suportei. Tempos depois, aprendi que toda grande oportunidade de vida vem acompanhada do reconhecimento que precisa ser fortalecido todos os dias.

Eu temia não voltar da cirurgia e, por isso, fiz um pedido aos meus pais, que rapidamente foi atendido: que eles reatassem o casamento. Essa era minha única expectativa.

O impacto estético da cirurgia de peito aberto me gerou uma depressão, pois eu não conseguia aceitar as mudanças no meu corpo. Minha vaidade foi quebrada, e meu corpo estava marcado. Deus me concedeu uma nova oportunidade de vida, mas eu não a reconhecia nem agradecia por isso. A cada dia, minha insatisfação com o meu corpo aumentava. A expectativa de uma vida melhor parecia improvável, como se tudo estivesse contra mim. O verdadeiro problema não estava em minhas cicatrizes, mas, sim, nas feridas na minha alma. Demorei para entender que eu precisava de feridas e, consequentemente, de cicatrizes, pois elas seriam o reflexo da resistência em minha vida.

Depois de duas tentativas de suicídio decorrentes de um extremo sentimento de vazio na alma, decidi visitar uma pequena igreja bem próxima à nossa residência. Mesmo sem receber convite algum, entrei e me sentei em uma das últimas cadeiras. Parecia que alguém havia contado minha história ao pastor, pois ele falava tudo o que eu estava vivendo e sentindo; dentro de mim acontecia um grande conflito em aceitar que aquela era minha realidade. A resistência foi transformada em conforto quando alguém, ao tocar em minhas mãos e dar um sorriso, me direcionou até a frente. E me rendi aos pés do Senhor enquanto aquela anciã chorava, pois ela entendia o que naquele momento ainda não era tão claro para mim, uma alma se rendendo ao Senhor.

Anos mais tarde, nossa casa foi sorteada, e minha mãe recebeu uma indenização para sair daquele lugar. O valor foi suficiente para comprar uma casa em outro bairro, como no meu sonho, feita de tijolos e cimento. Precisei esperar por algum tempo, mas Deus atendeu ao que eu pedia insistentemente. No entanto, era necessário um novo aprendizado para alcançar o verdadeiro crescimento espiritual.

A Bíblia nos ensina a perdoar os ofensores, assim como desejamos que o Senhor perdoe os nossos pecados. Falar sobre o perdão é comum para muitos, mas liberá-lo verdadeiramente é muito difícil.

Durante 25 anos da minha vida, minha mãe costumava, com muito orgulho, contar a história do meu nascimento. Ela mostrava a cicatriz de uma cirurgia cesariana decorrente desse evento, para criar um cenário perfeito. No entanto, durante uma conversa sobre problemas familiares, alguém afirmou de maneira direta:

— Você nunca percebeu as diferenças? Ela criou você, mas não é a sua mãe biológica.

Eu não fui preparada para a notícia que mudaria toda a minha história. Na maioria das vezes, a verdade só vem à tona na vida de alguém quando algo muito sério acontece. Aquela cirurgia na minha mãe era, na verdade, da retirada de um mioma que resultou em esterilidade. Meus pais precisaram revelar a verdade sobre meu nascimento: minha mãe biológica não teve condições de manter uma criança que era fruto de um adultério. Por esse motivo, ainda no terceiro dia de vida, ela decidiu entregá-la ao pai, e este não pode abrir mão do casamento nem da criança.

Aos 25 anos, finalmente compreendi que minha história estava repleta de lacunas e percebi que, mais do que nunca, eu precisava de Deus para preenchê-las. Minha mãe manteve essa mentira por todo aquele tempo, alegando que era por medo de me perder. Essa é a consequência de alguém que toma decisões sobre a vida de outra pessoa sem envolvê-la. Naquela conversa, ela afirmou com toda a força que era minha mãe, dizendo:

— Não ter dado à luz não significa que não sou sua mãe. Eu amo você muito mais do que minha própria vida.

No entanto, naquele momento, a declaração de amor não foi suficiente para que eu conseguisse perdoá-la. Eu não conseguia aceitar o tempo durante o qual tudo aquilo foi escondido de mim. Foram muitos anos de mentiras.

Eu evitava tocar nesse assunto, pois gerava um grande sofrimento. Foi necessário Deus trabalhar em mim e me mudar para aceitar que minha mãe fez tudo aquilo por medo de me perder. O perdão tem o poder de abrir portas e produzir paz, mas alimentar a mágoa produz a falta de paz na vida de qualquer pessoa. Muitos estão dentro da igreja achando que, por entregar sua vida a Cristo, o fardo pesado é retirado, mas, quando o Senhor nos coloca à prova para conceder o perdão, inicia-se uma guerra emocional até sermos aprovados.

Naquele momento, a verdade me cegou e gerou em mim revolta. Porém, Deus me fez relembrar e reconhecer todos os sacrifícios que minha mãe fez por mim. Ela foi a ferramenta que o Senhor usou para preservar minha vida; ela esteve presente em todos os cenários e, nos longos períodos de internações, nunca saiu do meu lado nem permitiu que outra pessoa ficasse ali. Hoje, sou grata aos meus pais, pois eles foram canais de bênçãos em minha vida.

Anos mais tarde, recebi um convite para uma obra missionaria no estado do Amapá, onde um grande homem de Deus me acolheu como ovelha e confiou no meu potencial para a obra. Por esse motivo, fui ordenada como missionária.

Nesse tempo, um novo desafio no meu estado de saúde exigiu a implantação de um marca-passo cardíaco definitivo. Meu coração estava fraco, e essa foi a nova ferramenta que Deus permitiu ser usada para preservar minha vida. Aquele desafio fortaleceu ainda mais minha confiança no Senhor. Essa experiência poderia se tornar em um cenário de murmuração diante de tudo pelo que já passei, mas a gratidão prevaleceu. O meu Senhor escolheu os meus caminhos. Eu era uma improvável desde o meu nascimento, mas Ele escreveu minha história e me fez resistente.

Os cenários repetidos de frustração sentimental me impediam de acreditar que encontraria o verdadeiro amor, porém o Senhor também foi fiel para mudar essa situação. As maiores realizações pessoais ocorrem quando você passa a acreditar que Deus pode colocar a pessoa certa em sua vida. Quando voltei para minha cidade, conheci aquele que se tornaria meu futuro esposo enquanto participava de uma reunião de oração.

Ele me ajudou na recuperação da cirurgia, e a amizade se fortaleceu pela curiosidade que ele tinha para conhecer as coisas de Deus. Era muito educado, companheiro e preocupado com minha saúde. Todo o cuidado despertou em mim um sentimento muito forte, e o próprio Espírito de Deus testificou em meu coração que o Senhor estava preparando aquele homem para fazer parte da minha vida.

Deus me deu um amor que se renova a cada dia. A verdadeira felicidade é permitir que Deus entre em nosso coração e faça morada. Não foi apenas uma questão de escolha, mas, sim, um presente do Senhor, que eu aceitei para criar em mim uma nova vida. O maior prazer diário é acordar e ter a certeza de que Ele está ao meu lado. Por esse motivo, meu coração se enche da mais profunda gratidão a Deus, pois somente Ele nos proporciona essas ricas e grandes oportunidades. Talvez você tenha alguém especial ao seu lado, mas ainda não se permite ser feliz com ela. A felicidade no casamento não será alcançada se uma das partes não quiser.

Após seis meses entre namoro, noivado e casamento, percebi que Deus manifestava cada vez mais Sua graça na vida das pessoas que precisavam de orações. Isso confirmou meu chamado para o ministério pastoral e, logo em seguida, recebi a ordenação.

O Senhor gerou em nossas vidas um amadurecimento espiritual. Por isso, hoje, após doze anos, temos não apenas membros, mas também pessoas especiais que fazem parte de nossa vida ministerial e pessoal. São amigos e amigas mais chegados que irmãos, pessoas com as quais posso sempre contar. Elas nos têm fortalecido para continuarmos o projeto que Cristo nos confiou.

A caminhada de fé não é e nunca será fácil, mas se torna prazerosa quando você sabe que Deus está no controle de todos os cenários de sua vida. Quando colocamos Deus como nossa prioridade e damos lugar a Ele, independente dos nossos problemas familiares, pessoais ou condição de saúde, o Senhor nos usa como canais de bênçãos para alcançar e restaurar vidas, ao mesmo tempo que nos torna resistentes para superar as nossas dificuldades.

Convido você a permitir que Deus desenvolva um novo caráter em sua vida, a fim de que ocorra uma verdadeira transformação nela. Confie nas promessas do Senhor, mesmo que tudo ao seu redor pareça contrário, tentando fazer você acreditar que não vai conseguir. Alimente em sua vida as lembranças de tudo aquilo que pode lhe dar esperança. Confie no Senhor Jesus.

"O meu Senhor
escolheu os meus
caminhos. Eu era uma
improvável desde o meu
nascimento, mas Deus
escreveu minha história
e me fez resistente."

Fernanda Nunes

Pra. Flávia Araújo

Sou Flávia Araújo, natural do Rio de Janeiro/RJ. Moro em Irajá/RJ com a minha amada família: meu esposo, Pablo Araújo, com quem sou casada há 18 anos, e meus filhos, Lucas e Felipe Araújo.

Sou dona de casa, escritora e idealizadora do Projeto Eu Leio a Bíblia com Você. Hoje, ajudo cerca de oitenta pessoas a ler e entender as Escrituras Sagradas. Sou também presbítera na Igreja de Nova Vida Ministério é de Deus e auxilio meu esposo na regência da nossa filial em Inhaúma. Como auxiliar, ajudo na administração e na condução da igreja. Sou líder de mulheres com a responsabilidade de conduzi-las na palavra e em oração, sempre com o propósito de desenvolver o crescimento por meio do entendimento das Escrituras Sagradas.

pbaflaviaaraujo

+55 (21) 98215-0213

vinhaaraujo12@gmail.com

Improváveis + Resistentes

09 UMA IMPROVÁVEL QUE A PALAVRA TORNOU RESISTENTE

Por Pra. Flávia Araújo

Eu me converti muito tarde, em 2007, aos 33 anos. Como toda nova convertida, eu era uma improvável tentando achar o meu espaço, entender o que era essa "coisa" de chamado. Como fui mãe logo após me batizar, comecei a minha vida ministerial pelo berçário, cuidando dos bebês enquanto as mamães assistiam aos cultos e, acreditem, assim eu seguiria até hoje se Deus não tivesse um propósito para mim. Não se engane, Deus tem um propósito para você totalmente diferente do que imagina.

Ali no berçário, minha história começou a ser contada. Não pense você que sua história só vai começar depois que fizer algo "grande". A história de Sarah começou a ser contada em Gênesis capítulo 11 e relatando que ela era estéril. A sua história, Deus já está escrevendo!

Nessa jornada, muita coisa aconteceu. Perdi minha mãe e, com essa perda, foi também a minha estrutura, e tudo isso porque estava na igreja, mas não lia a Bíblia, não me relacionava com Deus por meio da Sua palavra.

O apóstolo Paulo disse aos romanos que a fé vem pela escuta da palavra de Deus (RM 10:17), mas, se eu não mantiver a chama acesa por meio da minha leitura diária, não terei estrutura para enfrentar nenhuma crise. E foi o que aconteceu, minha mãe faleceu e eu me afastei da igreja e, consequentemente, do ministério.

Um erro grave que cometemos assim que entramos na igreja é trabalhar para Jesus sem ao menos conhecê-Lo. Eu desisti porque não sabia quem era Jesus e o que de fato Ele representava para mim. Talvez essa seja a sua situação hoje. Mas existe uma virada de chave, e é isso que quero compartilhar com você neste capítulo.

Bem, após o meu segundo filho, voltei para a igreja e para o berçário, porém ainda sem o entendimento e a motivação certa, porque, sim, existe a motivação errada e esta é a que tira você da igreja.

O problema é que você não se estrutura porque não se relaciona com Deus por meio da palavra e a consequência é que qualquer vento lhe tira do altar. É por isso que Jeremias, lá no capítulo 17:7-8, diz que feliz é quem confia no Senhor e quem confia no Senhor é como árvore plantada junto às águas, que estende suas raízes para o ribeiro. Essa árvore que tem a raiz molhada constantemente aguenta vento, calor e seca. Só enraíza de maneira correta quem está plantada no lugar certo. O lugar certo é junto às águas, que revigoram. Onde você está plantada tem lhe revigorado a ponto de aguentar calor e seca? O que me tornou resistente não foi frequentar os cultos ou fazer parte de algum ministério, o que me tornou resistente foi o meu relacionamento diário com o Senhor por meio da leitura da Bíblia. Ler a Bíblia todos os dias é a chave que precisa ser virada na sua vida com Deus.

Continuando minha história, quando meu filho caçula tinha 2 anos, já tínhamos oito anos de igreja — reparem, oito anos de igreja — e fomos chamados para liderar jovens de 10 a 13 anos. Então, eu precisava ler a Bíblia, estudá-la, entendê-la. E foi aí que eu me apaixonei pela Bíblia. Oito anos de igreja depois é que fui ter a minha primeira experiência com a Bíblia. Li, entendi e fiz a minha primeira reflexão. Fiquei tão feliz, aquilo marcou tanto a minha vida, que me lembro dela até hoje. Foi em Mateus 4:11: "Com isto, o diabo deixou Jesus, e eis que vieram os anjos e o serviram". "Com isto...". Com isto o quê? Como Jesus conseguiu vencer o diabo no deserto? Com a palavra! Entendi ali que o Senhor estava chamando a minha atenção para o que verdadeiramente iria me tornar resistente: a palavra!

No final de 2018, me tornei diaconisa e fui transferida para a filial de Inhaúma junto com a minha família. Eu e meu esposo continuamos liderando jovens e, assim que assumimos os jovens de Inhaúma, começamos uma leitura diária com eles a partir de Gênesis. Todo dia, eu tinha que falar algo sobre aquele capítulo, e a melhor coisa na vida é ler a Bíblia e, de um capítulo, tirar alguma lição, alguma aplicação. Foi assim que eu me tornei pregadora da palavra de Deus, uma pregadora improvável, que nem Bíblia de estudo tinha, mas que amava ler e entender o Livro Sagrado.

A partir de então, minha vida mudou. Eu não era mais murmuradora, insatisfeita. Tudo isso porque, à medida que a palavra entrava, meu interior mudava; porque, antes de a palavra fazer por meio de você, ela vai fazer em você. Meu marido ganhou uma nova esposa, e meus filhos, uma nova mãe, uma mulher totalmente transformada pela palavra.

Porém, eu continuava improvável. Assim como Zaqueu lá em Lucas 19 se movimentava para ver Jesus junto com uma multidão, assim era eu me movimentando com muitas mulheres pregadoras. Às vezes, me sentia como Agar, uma forasteira em Canaã, porque não fui nascida, nem criada no evangelho, porém, como Zaqueu, não desisti, segui mesmo sabendo que muita gente estava trilhando o mesmo caminho.

Os convites começaram a aparecer dentro do meu ministério: cultos de mulheres, congresso de mulheres... Quando percebi, já tinha pregado em todas as nossas igrejas.

Em 2020, antes da pandemia, eu e meu esposo recebemos a missão de liderar a filial em Inhaúma. Um novo desafio começava. A mulher improvável que achou que iria servir a Deus para sempre como berçarista, tornou-se a líder regente da nossa filial em Inhaúma.

Mas, para isso, precisei dizer "sim" ao chamado. Mesmo sem acreditar que era capaz, eu disse "sim", porque era uma improvável obediente.

Porém, em março de 2020, a pandemia fechou todas as nossas igrejas e passamos a fazer cultos *on-line*. Junto com os cultos *on-line*, comecei a fazer também uma live devocional: de segunda a sexta, às 9h, um capítulo da Bíblia por dia. E assim nasceu o devocional "Bom dia, meus amores", que hoje é uma comunidade no WhatsApp. A cada dia, uma mensagem; a cada dia, uma palavra de Deus, assim fui me desenvolvendo como pregadora.

Minha primeira Bíblia de estudo ganhei de um casal de amigos e, a partir de então, comecei a investir em cursos, encontros e conferências que me ajudaram muito a crescer ministerialmente.

Mas o que de fato me tornou resistente foi a poderosa palavra de Deus.

Hoje, continuo improvável, não porque sou incapaz, pois uma mulher não é improvável porque é incapaz, ela é improvável porque geralmente ninguém espera que cresça ou se desenvolva. No entanto, lembre-se: você é improvável para o homem, não para Aquele que lhe chamou. Não se abale com a falta de expectativa da terra. Lembra do nascimento de Caim e Abel? Caim nasceu e Eva disse: "com o auxílio do Senhor, adquiri um varão". E quando Abel nasceu? Eva não disse nada! Confira em Gênesis 4:2. Ao que parece, Eva não tinha expectativa a respeito de Abel, mas isso não o impediu de ser o melhor na hora de ofertar e agradar a Deus, porque ele entendeu que a falta de expectativa do homem não poderia afetar a sua excelência com o Senhor. Ele era o segundo filho, o segundo na hora de ofertar, mas o fazia com excelência. Não deixe que a falta de expectativa do homem sobre você afete a sua excelência. Seja excelente, pois o Senhor merece a sua excelência. Não se deixe contaminar pela falta de expectativa humana. Lembra de Saul em 1 Samuel capítulo 10:27, que precisou se fazer de surdo quando os filhos de Belial questionaram: "É este quem vai nos livrar?". Haverá momentos em sua jornada ministerial que serão assim, você se fazendo de surda para seguir em frente, pois Quem lhe chamou não tem expectativa, tem certeza.

Na jornada de liderar uma igreja, tenho passado por muitos desafios, mas creio que todos cooperam para o meu crescimento. Porém, se não fosse o meu relacionamento diário com Deus por meio da palavra, eu não conseguiria seguir em frente.

E hoje estou aqui seguindo, prosseguindo, perseverando, vivendo, desfrutando e aprendendo com o agora para poder chegar aonde Deus quer que eu chegue, mais madura. Todas as experiências valem para nos moldar e aperfeiçoar. Em Gênesis 22, antes de o Senhor chamar Abraão, o texto diz: "Depois destes acontecimentos", ou seja, depois de tudo pelo que Abraão passou. Acontecimentos que prepararam, fortaleceram e amadureceram Abraão para aquele momento. Não despreze os acontecimentos, eles contribuem para a sua chegada.

E, hoje, cá estou eu participando do segundo livro, para a Glória de Deus!

O que eu aprendi até agora é que fácil nunca será. Gigantes a enfrentar sempre existirão. E as dificuldades durante o trajeto me ensinaram a ser persistente.

Aprendi que, mesmo sendo improvável, eu precisava ser obediente, porque não se trata de mim, mas do que Deus me chamou para fazer! E, mesmo que não haja expectativa com relação ao que Deus me chamou para fazer, eu preciso acreditar para poder seguir em frente, porque, se eu não acreditar no meu chamado, dificilmente alguém vai acreditar. Siga em frente debaixo da destra poderosa do Senhor!

O objetivo do meu capítulo é encorajar você a se tornar resistente mesmo sendo improvável.

Até aqui, o que vimos? Como me tornei resistente sendo improvável:

— em primeiro lugar, a palavra me tornou resistente;

— em segundo lugar, a obediência me manteve perseverante;

— em terceiro lugar: a falta de expectativa do homem não comprometeu a minha caminhada nem a minha excelência — não será fácil, mas você só vai conseguir se estiver firmada na palavra de Deus —; e

— por fim, dizendo "sim" ao meu chamado, ou seja, só me tornei pregadora e escritora porque um dia eu disse "sim".

Você pode ser improvável para o homem, mas nunca será para Deus, porque Deus, o Pai que a conhece, a escolheu e Ele que a escolheu sabe o que faz. Confie e siga em frente!

Leia a Bíblia, obedeça e persevere. Assim, você se será, sim, uma improvável, mas resistente!

"Seja obediente em sua jornada ministerial, porque, quando a fé falhar, a sua obediência vai manter você no caminho!"

Pra. Flávia Araújo

Pra. Graça Santos

Sou Graça Santos, pastora, compositora, cantora, empreendedora, influenciadora de mulheres e trabalho com os projetos Princesas em Alta, Sou Escolhida e Mente Secreta Desbloqueada e Libertação.

Tenho formação concluída em Saúde Mental e Psicologia do Trabalho, além de pós-graduação em Teologia Cristã e Psicologia Pastoral Cristã Eclesiástica.

Sou filha de Maria Emília e casada com o pastor Manoel Santos. Somos pastores presidentes da Igreja Pentecostal Terra Fértil, em São Paulo, onde pastoreamos. Temos dois filhos: pastor Uanderson Santos e obreiro Micael Santos, nossos tesouros; duas noras: pastora Kátia Laís e diaconisa Gleice Ires; nossa neta Larissa, princesa, e já a caminho outro presente, neto ou neta, pois ainda não sabemos o sexo, mas estamos muito felizes com a expectativa. Gratidão a Deus!

princesas.em.alta

pastora_graca_santos

+55 (11) 99467-3751

+55 (11) 96558-6860

Pastora Graça Santos

Improváveis + Resistentes

10 O PROCESSO ME FEZ CHEGAR AO PROPÓSITO

Por Pra. Graça Santos

Sou agraciada e escolhida por Deus e muito grata por Ele me fazer a mulher que me tornei depois de encontrar Jesus.

A 26 anos, eu passei por um grande desafio: uma doença afetou meu pulmão. Deus já tinha me avisado pelo Espírito Santo que eu passaria por um processo e que Ele passaria por isso comigo. Passou e me restituiu um pulmão novo. Deus fez mais um de seus milagres e recebi um pulmão para que hoje estivesse escrevendo com muita alegria.

Meu maior prazer é trazer para todos o grande propósito, curas, libertação sinais de maravilhas, pela palavra de Deus.

Isto eu quero afirmar: não importa a situação pela qual temos de passar, o que se precisa ter é a certeza de vencer. E a experiência é o que nos traz a certeza de acreditar que independentemente de qualquer coisa, o mais importante é viver lutas e provações para receber algo da parte de Deus. Você viverá, e o que Ele prometeu se cumprirá.

Deus faz acontecer o imprevisível dentro de uma ação positiva de enfrentamento. No livro 1 Reis 17:5-6, está dito: "... fez conforme a palavra do Senhor; porque foi e habitou junto ao ribeiro de Querite, que está diante do Jordão. E os corvos lhe traziam pão e carne pela manhã; como também pão e carne à noite; e bebia do ribeiro."

De acordo com essa passagem bíblica, vamos aprender como Deus opera de forma imprevisível somente para dar vitória a um servo Seu. Deus faz e Ele usa quem não imaginamos que usará. Ali, o profeta foi surpreendido pelo Senhor. Às vezes, na lógica humana, Ele usa as coisa loucas para confundir as sábias; usa as coisa vis e desprezíveis para confundir as aprazíveis; e usa as que não são para confundir as que são (1 Co 1:27-29).

Quando todos pensaram que eu não suportaria, o Senhor operou mais um de Seus milagres em mim e fui completamente abraçada por Seu amor. Hoje, faço parte de uma grande experiência com Deus.

O dom que Ele me entregou para trabalhar na obra é muito gratificante, operação de maravilha e milagre.

Deus é tão poderoso que nos separa, nos prepara e nos envia. Eu tive várias experiências na caminhada com o Senhor e uma das fases da minha vida foi preciso acontecer.

Certo dia, chegando para um dos cultos, eu observava um jovem da nossa igreja que estava muito cheio de sono e foi me encomendando. Então, decidi orar por ele, e foi quando uma voz satânica falou pela boca, dizendo que o estava levando para o inferno e que as chamas já estavam queimando. Clamando e chorando, pedimos que Deus lhe devolvesse a vida. Foi uma hora a clamar e, quando minhas forças já estavam chegando ao fim, Deus ouviu nosso clamor. Então, a mesma voz voltou e disse:

— Perdemos ele.

Eu gritei:

— GLÓRIA A DEUS!

E conseguimos alcançar aquela vida, que foi tirada das garras do inimigo.

Outra vez, uma jovem chegou ao culto pedindo para orar por ela. Como sempre quem pede crendo recebe, eu fui orar, mas, de repente, ela foi ao chão. Olhei para seu rosto e vi que ela tinha dificuldade de respirar. Em seguida, Deus me falou para colocar a minha mão sobre o estômago dela. Para a glória de Deus, meu esposo observava e me viu quando meus olhos se transformaram em fogo e aquele demônio da morte soltou a vida daquela moça. Até hoje ela está viva e forte e na presença de Deus.

Eu me recordo que, com 7 anos, meu pai me levou a um lugar muito grande em Brasília. Quando lá cheguei, era um centro espírita, com muita gente recebendo rezas. Meu pai me levou para um lugar reservado, onde havia muitas camas e mesas. Ali, se aproximou um homem e disse:

— Tire essa garota daqui. Ela não nos pertence, é do cara lá de cima.

Assim como ele fez na vida de Moisés e de Aarão com o dom de operação de maravilha, só de ser citado tecnicamente na nova aliança (1 Co 12:10

percebemos esse dom operando de forma intensa na vida de Moisés e de Aarão (Êx 11:10): o dom de operação de milagres.

A palavra "maravilha" significa algo formidável, impressionante, que é capaz de despertar a admiração. Eu tenho visto isso onde o Senhor tem me levado para ministrar, porque Ele falou que faria e fez, restaurando-me para eu poder restaurar. Vejo a aplicação da intervenção direta de Deus executando sinais e prodígios no meio do Seu povo. "A ação Deus em favor de Seu povo sempre aparece acompanhada de sinais miraculosos, prodígio e maravilha" (MT 13:54). Eu vivo essas maravilhas. Quero também afirmar que, em Rm 15:19, o apóstolo Paulo afirma o seguinte: "Pelo poder dos sinais e prodígios; e pela virtude do Espírito Santo de Deus; de maneira que desde Jerusalém, e arredores, até ao Ilírico, tenho pregado o evangelho de Jesus Cristo", pois a conversão do pecado já e um milagre si mesmo: o milagre do novo nascimento!

Vivo, hoje, esse momento de receber autoridade espiritual para abençoar o que eu tenho feito. Em Gênesis 47:7, José levou seu pai, Jacó, e o colocou diante do faraó, e Jacó o abençoou, Jacó estava diante de um dos homens mais poderosos do mundo naquele tempo. O Egito era a maior potência econômica militar e cultural nos dias de Jacó. Olhando por esse prisma, era faraó quem deveria abençoar Jacó, e não o contrário. Porém, em Hebreus 7:7, é dito que, sem contradição alguma, o menor é abençoado pelo maior. Portanto, no mundo político, o faraó poderia ser superior a Jacó, porém, no mundo espiritual, Jacó era superior ao faraó e o abençoou.

Deus nos chamou para sermos uma benção para os outras pessoas. Seja abençoado por esta obra escrita.

É necessário reforço espiritual por causa de muitas vidas que precisam ser libertas. Deus nos chama e faz sermos aprovados por ele. Precisamos de reforço espiritual. Em Num11:16, lemos: "E disse o Senhor a Moisés: 'ajunta-me setenta homens dos anciões de Israel, de quem sabes que são anciões dos povos e seus oficiais; e os trarás perante a tenda da congregação, e ali se porão contigo'."

E, assim, vamos tirando forças da fraqueza. Com Moisés foi assim: achando-se fraco, pensou em desistir, porém, na escolha dos setenta, Deus tirou do espírito sobre Moisés e encheu aqueles homens. Quando Moisés pensou que estava fraco e esgotado (Nu 11:24), Deus mostrou que ele ainda tinha reserva espiritual para "encher" setenta.

Eu passei por um período de oito meses vivendo em reserva que depositei nos pés do Senhor.

Em Salmos 84:7, é dito que aqueles cuja esperança está em Deus vão indo de força em força e cada um deles aparece diante de Deus.

Paulo afirma que o poder de Deus se aperfeiçoa na fraqueza (2 Co 12:9). O escritor das cartas aos Hebreus afirma que os grandes heróis da fraqueza tiraram força (Hb 11:34) em todos os momentos da história. Deus sempre socorreu os seus servos que estavam em dificuldades e providenciou reforço celestial em situações em que estavam em apuros.

Geralmente, quando um exército pequeno é atacado por um exército maior, o que está em desvantagem anseia pela chegada de reforço. Deus sempre envia reforço para os que estão em fracasso e necessitando de ajuda. Este livro está chegando para dizer a você, leitor, que o Senhor é reforço. Acredite.

Quando Davi se encontrava em momentos de grande necessidade no deserto, Deus providenciou a chegada de reforço alimentar para suprir as suas necessidades básicas (2 Sm 17:27-29). Jacó também pensava que estava só, em momentos de perigo seguindo o seu caminho, mas anjos de Deus lhe saíram ao encontro e ele viu a chegada de reforço celestial ali, um acampamento de anjos para defendê-lo (Gn 32:1-2).

E assim, em momentos de grandes fraquezas, é necessário contar com ajuda de reforço do Espírito Santo, que nos ajuda em nossas fraquezas e intercede por nós até com gemidos inexprimíveis (Rm 8:26). Ele é o Consolador que está ao nosso lado para nós ajudar (Jo 14:17).

Após ter vencido o diabo no deserto, Jesus também contou com a chegada de reforço angelical para servi-lo (MT 4:11). Além disso, em momentos de grande exaustão a caminho do calvário, Deus providenciou Simão Cirineu como reforço para ajudar Jesus a levar aquela pesada cruz (Mc 15:21) e, hoje, é o próprio Jesus quem nos oferece ajuda e socorro, porque naquilo que Ele mesmo padeceu sendo tentado pode socorrer aos que são tentados (Hb 2:18).

Há chamado ministerial quando Deus decide que somos convocados para ser o que ele quer. A Bíblia Sagrada destaca que "chamou o Senhor a Moisés..."

(Lv 1:1) e revela o chamado de pessoas que se destacaram muito a história sagrada: o chamado de Abrão, Moisés, Samuel, Davi, Paulo e outros. São chamados verdadeiramente extraordinários. Deus é quem capacita os que foram escolhidos por Ele para Sua obra. O chamado de Deus para nossas vidas é um exercício de sua livre e espontânea graça e chegar a ser e levar um ministério para muitas pessoas é simplesmente maravilhoso.

E minha história foi construída por Deus. Sempre fui muito resistente, mas aceitei o meu chamado e tudo foi se encaixando dentro do que o Senhor me chamou para fazer. Hoje tenho as armas que Deus me deu e as uso para trabalhar em Sua obra.

Então, quero trazer força e foco para você que Deus já chamou para uma grande jornada.

Use suas armas para salvar, libertar e curar.

Davi preferiu usar a armadura de Deus (1 Sm 17:45). Apesar de usar as armas comuns de um pastor de ovelhas daquela época, a confiança de Davi estava em nome do Senhor dos exércitos. Ele usou as armas com que estava acostumado: o cajado, as pedras, o alforje e a funda.

Deus quer usar nossos talentos naturais e aquilo com que mais estamos familiarizados. Não adianta querermos usar as armas de outros.

Então, quero deixar um grande propósito por meio do que o Senhor está fazendo na minha vida e cuidando que será cuidado por Deus.

"Em momentos de grande fraqueza e necessidade, podemos contar com a chegada do reforço de Deus."

Pra. Graça Santos

Pra. Grace Souza

Sou a pastora Grace Souza, carioca, de 44 anos, casada com o amor da minha vida, Robson Souza, mãe de três lindos príncipes: João Victor, Gabriel e Robson Davi.

Formada em Pedagogia, tenho especializações na área de Psicopedagogia e Terapia de Família.

Sou pastora auxiliar há quinze anos, ao lado do meu marido, e tenho a honra de liderar o ministério feminino da minha igreja. Faço parte da Igreja Apostólica Paz em Cristo, em Palhada, Nova Iguaçu, uma igreja linda e apaixonada por Jesus. Amo servir a igreja local. Pareado a esse ministério, o Senhor tem me levado a muitos lugares para a ministração da palavra de Deus.

Faço parte também do Conselho entre Mulheres do Brasil (CEM BR) e, em 2022, fui agraciada com um convite da minha amiga pastora Adriana Homem para ser coautora do livro *Orvalho, uma chuva no seu deserto.*

pragracesouza

+55 (21) 97066-6956

gracesouza

Improváveis + Resistentes

11 ESTRATÉGICAMENTE POSICIONADAS PARA REFLETIR A GLÓRIA DE DEUS

Por Pra. Grace Souza

Você já se sentiu inadequada para cumprir uma tarefa? Quando olha para a sua vida, parece que existe algo desalinhado do seu propósito? Tem horas em que, quando você pensa no chamado, tem a impressão de que não tem os pré-requisitos necessários?

Você não está sozinha! Estou aqui para dizer que essa improbabilidade tornará sua vida única e exclusiva.

Sim, a despeito do local físico, emocional ou social em que está inserida, Deus quer usar você e revelar a glória dEle por meio da sua vida!

O livro dos Juízes, na Bíblia, vem recheado de dezenas de histórias empolgantes e surpreendentes. Traz um período marcado pela infidelidade do povo e a infinita misericórdia de Deus.

Como num ciclo vicioso, os israelitas, já dentro da Terra Prometida, desobedeciam a Deus e, como consequência, o Senhor os entregava nas mãos dos seus inimigos. O povo clamava, lamentava, se arrependia, e Deus levantava juízes para liderar o processo de libertação.

Era um período patriarcal. O *ranking* de lideranças tinha no seu topo majoritariamente figuras masculinas. E é nesse contexto que o Senhor vai levantar mulheres improváveis, mas resistentes, para atuarem com coragem, força e sabedoria do alto.

Encontramos, no livro dos Juízes, algumas mulheres notáveis, mas, em particular, desejo lançar a luz ao capítulo 4, no qual estão duas dessas mulheres que fizeram a diferença no seu tempo: Débora e Jael.

"Ora, Débora, uma profetisa, mulher de Lapidote, Julgava e liderava Israel naquele tempo" (Juízes 4:4).

Débora foi uma das mulheres mais conhecidas do Antigo Testamento. O nome Débora vem do hebraico Debhoráh e significa abelha. Ela foi a única juíza em Israel e liderou o povo na guerra contra Jabim, rei de Canaã, cujo comandante do exército chamava-se Sísera. Durante vinte anos, o povo estava sendo afligido. Ela convocou o povo para a batalha e ainda profetizou sua vitória sobre um grande exército.

Ah, as Déboras! Elas são ágeis, enchem o lugar com seu zumbido. São guerreiras, defensoras, ativas, influentes, vivazes e, na mesma proporção, ainda produzem mel. A presença das "abelhas" não passa imperceptível. Elas são notáveis, multifuncionais, polivalentes. Na descrição em Juízes, o autor lista: mulher, profetisa, esposa, líder, juíza. Um currículo invejável!

Não há lugar para nenhuma outra mulher nos locais onde as Déboras estão, pensava eu. Mas, de repente, a partir do versículo 16 do mesmo capítulo — sim, no mesmo capítulo — emerge Jael!

> Então, Jael, mulher de Heber, tomou uma estaca da tenda e lançou mão de um martelo e foi-se mansamente a ele e lhe cravou a estaca na fonte e a pregou na terra, estando ele, porém, carregado de um profundo sono e já cansado assim morreu. (Juízes 4:21)

Isso é o ápice da improbabilidade! Como uma dona de casa irá enfrentar um oponente de tamanha grandeza? Quem é Jael? Deixe-me procurar... Mulher de Heber? Só isso? Não! Tudo isso!

Sísera, o chefe do exército adversário, vai parar na casa de Jael, e ela vai entender que terá que protagonizar essa batalha. Onde? Dentro de casa!

O lugar no qual estamos inseridas é o cenário ideal para o agir de Deus por meio de nós.

No mesmo capítulo em que Débora aparece desempenhando suas funções e ajudando na gestão militar para vencer um exército, aparece também Jael com uma atuação mais discreta, no interior de uma casa, no entanto, ocupando um papel tão importante quanto. A guerra é vencida porque Jael é estrategicamente colocada para vencer a batalha dentro da sua casa. Ela mata o adversário e acaba com a guerra.

Se naquele momento Jael tivesse olhado para si mesma e considerado a sua discreta posição social, teria paralisado supondo que não era qualificada para tal missão.

Você foi colocada estrategicamente por Deus no lugar onde está, por mais desfavorável ou irrelevante que pareça. Todas nós precisamos entender que existe o lugar da Débora, mas também tem o lugar da Jael. Contudo, a comparação tem sabotado o nosso desempenho.

Em que área Deus tem lhe colocado, mas você tem sido tolhida pela comparação?

Muitas vezes, a presença de alguém que consideramos ter super-habilidades pode nos travar. Com Jael, eu aprendo que trabalhamos em áreas distintas, mas com o mesmo propósito: vencer o nosso opositor.

A nossa singularidade nos dará acesso a setores distintos nos quais Deus quer agir. Enquanto existem mulheres que dominam a arte do discurso, outras dominam a área da intercessão, e outras atuam no campo educacional. E o que falar daquelas que são tão sensíveis que Deus usa poderosamente com o que elas consideram simples abraços, mas quem os recebe é liberto no exato momento daquele contato?

Somos únicas e entender isso nos liberta das prisões geradas pela comparação e pela baixa autoestima.

Você é especial, dotada de características que a fazem exclusiva. Tem uma identidade.

Débora, por ascender em um cenário tomado por homens, foi uma improvável; e Jael, atuando dentro de casa, também é uma improvável.

Quando penso em mulher improvável lembro da minha mãe, Vera Lúcia, maranhense, a mais velha de oito irmãos, criada num lar sem a figura paterna. A minha avó, que hoje descansa com o Senhor, trabalhava e minha mãe ficava responsável por cuidar dos seus irmãos menores desde muito cedo. Aos trancos e barrancos, ela se formou no antigo Segundo Grau como professora. Mesmo com o cenário desfavorável, porque, por ter muitos irmãos, a vida era muito difícil, ela tinha um sonho e uma promessa.

Aceitou Jesus Cristo como seu único e suficiente salvador aos 12 anos e, mesmo se afastando um tempo depois, nunca se esqueceu do que Deus lhe havia prometido sobre mudar a sua situação. Casou-se com o seu primeiro e único amor, meu pai, o Manoel. Os dois protagonizaram uma história de amor que nem Shakespeare teria criatividade de roteirizar!

Fugiram, literalmente fugiram do Maranhão para Belém do Pará para viver esse amor, pois não tinham o apoio da minha avó. Em Belém, nasceu meu irmão mais velho, Isaac. Moraram de favor, passaram necessidades e humilhações. Em um dado momento, tiveram que se separar temporariamente para que meu pai viesse para o Rio de Janeiro buscar melhoria de vida. Depois de um tempo, ele mandou buscar minha mãe e, no Rio de Janeiro, nascemos eu e minha irmã Elisangela. Depois de muitos anos de batalha, meus pais compraram a tão esperada casa própria em Nova Iguaçu.

Minha mãe começou a lecionar lá no Maranhão como alfabetizadora e aqui no Rio de Janeiro não parou. Quando nos mudamos para Nova Iguaçu, moramos em uma casa grande com uma outra pequena casa no quintal. Ali começou um sonho, o de ter a sua própria escola! Minha mãe começou como explicadora, depois abriu vagas na casinha para a Educação Infantil e logo já começou a ofertar o primeiro segmento do Ensino Fundamental.

Quando menos esperávamos, minha mãe quebrou a casa onde nós morávamos para fazer a escola e atender a demanda de alunos, que só crescia. O nome do colégio? Instituto Educacional Shekinah (a glória de Deus manifesta no meio do seu povo). Por meio desse lugar, minha mãe, uma improvável, conseguiu formar duas pedagogas, eu e minha irmã, e um contador, meu irmão. O colégio só cresceu e, com ele, o número de testemunhos e experiências com Deus.

Aquela menina pobre que veio do Maranhão sem nada hoje é dona de uma das maiores escolas do nosso bairro e serve a igreja de Cristo como pastora. Por meio do testemunho da minha mãe, eu e meus irmãos fomos consolidados em Deus e entendemos que, por mais que passemos por situações difíceis na vida, não podemos desistir, pois nós temos um Deus que faz além do que podemos imaginar.

"Ora, àquele que é poderoso para fazer tudo muito mais abundantemente além daquilo que pedimos ou pensamos, segundo o poder que em nós opera," (Efésios 3:20)

Hoje sirvo a igreja do Senhor ladeando meu marido, o bispo Robson Souza, como pastora auxiliar. Cuido de mulheres e posso, com propriedade de causa, pregar sobre um Deus que salva, cura, liberta e realiza sonhos. A minha irmã também é pastora e líder do ministério infantil, e meu irmão é diácono da casa do Senhor e serve na liderança dos músicos.

Um novo tempo começou para toda a nossa família quando minha mãe se posicionou dentro da sua casa e, lançando a mão da estaca e do martelo, finalizou o inimigo que queria estabelecer governo em sua história.

Não tenha medo!

A Bíblia nos traz histórias de pessoas reais que, como nós, tinham seus medos, dúvidas, mas resistiram bravamente e, mesmo com todo o cenário de improbabilidades, marcaram seu tempo e viveram a plenitude das promessas de Deus em suas vidas. Por exemplo, o épico encontro de Moisés na sarça ardente (Ah, eu sou pesada de língua!) (Êxodo 3-4). E o que falar das declarações de grandes profetas como Isaías?_"Ai de mim que estou perecendo, pois sou um homem de impuros lábios e habito no meio de um povo de lábios impuros" (Isaías 6:5). Ainda temos Jeremias argumentando que não sabia falar pois era apenas uma criança (Jeremias 1:6-7).

Em todos esses episódios, Deus teve uma resposta e não era: "realmente você não vai conseguir por conta da sua limitação!".

"Qual será o meu chamado?"; "Logo eu?"; "Eu tenho muitas limitações!"; "Não me vejo dessa forma!"; "Será que eu conseguirei?", esses são alguns dos questionamentos e afirmações que orbitam em nossa mente quando nos defrontamos com algum desafio. É normal ceder aos apelos das crenças limitantes e ser paralisado por elas, mas resistir nos fará alcançar vitórias que nos surpreenderão.

Deus quer nos usar! A pergunta: "por que eu?" deve ser trocada pela pergunta: "por que não eu?".

Retomando, Sísera, o chefe do exército de Canaã, aparece no lar de Jael, e ela não fecha a porta na cara dele ignorando sua existência, atrai a responsabilidade para si: "Entre aqui!". Ela não tem um título. Não é profetisa, nem juíza, nem líder, mas se colocou à disposição para que Deus agisse por meio dela.

Título não legitima ministério. Posição nem sempre gera posicionamento. Mas quem entende a importância do posicionamento, com toda a certeza, é elevado de posição, vai para outro nível de experiência com Deus.

Deus usou Débora, Deus usou Jael, Deus usou minha mãe e o mesmo Deus também quer usar a mim e a você neste tempo para marcar esta geração!

É nesta casa, é nesta família, é nesta igreja, é neste serviço!

Agora é com você!

"Entender a nossa singularidade em Deus nos liberta das cadeias geradas pela comparação e pela baixa autoestima."

Pra. Grace Souza

Pra. Helena Silva

Sou Helena Silva, natural do Rio de Janeiro/RJ. Resido em Campo Grande/RJ com a minha querida família: meu marido Antonio, com quem sou casada há 22 anos, e minhas filhas: Karin, de 18 anos, e Karla, de 12 anos.

Sou pastora auxiliar na igreja Assembleia de Deus Missão Novo Cântico em Inhoaíba, Campo Grande/RJ, professora da Escola Bíblica Dominical e pregadora da palavra de Deus.

Sou graduada em Letras, funcionária pública e empreendedora.

helenasilvaofc

+55 (21) 98873-3433

Helena Silva

helenas20@gmail.com

Improváveis + Resistentes

12 ORGANIZANDO MEUS SENTIMENTOS PARA VIVER O NOVO DE DEUS

Por Pra. Helena Silva

Neste capítulo, quero tratar sobre instabilidade emocional, sobre medo e sobre como consegui vencer esses sentimentos que podem nos tornar prisioneiras e rompi em todas as áreas da minha vida.

ARRUMANDO O ARMÁRIO DO MEU CORAÇÃO

> Sua melhor roupa consiste de força e dignidade; é otimista em relação ao futuro! (Provérbios 31:25)

Sempre que chega o fim de ano, eu gosto de dar uma arrumada nos meus armários, retirar tudo o que não uso mais, rever minhas roupas. Eu sempre faço isso no fim do ano: arrumo as gavetas, passando um pano molhado para limpar a poeira, retiro para doar aquele sapato que aperta meu pé, mas que guardei ali por tanto tempo durante o ano todo, aquela roupa de que não gosto mais, e esvazio o meu armário para que possa receber peças novas.

Você sabia que, algumas vezes, nós fazemos isso dentro do nosso coração? É como se tivéssemos um armário dentro do nosso coração, um armário com prateleiras, com gavetas, onde nós guardamos tantas coisas. Quando a Bíblia fala sobre o coração, na verdade ela está se referindo à nossa alma. O que você tem guardado aí na sua alma? O que você está guardando nos armários do seu coração que não lhe serve mais? O que está lhe prejudicando e enchendo o seu coração de coisas ruins, mas do que você não se livra, porque tem mania de guardar tudo?

Então, querida, hoje é o dia de fazer essa reflexão, arrumar o armário da sua alma, do seu coração. Abra essas gavetas. O que você está guardando aí? Rancor? Falta de perdão? Insegurança? Depressão? Tristeza sem motivo?

Instabilidade emocional? Medo? Abra essas gavetas hoje e ponha para fora aquilo que não lhe pertence mais. Livre-se de tudo o que prende você, de todos esses sentimentos que lhe fazem tão mal, mas que insiste em guardar nesse armário que é o seu coração.

Gosto muito de falar da mulher de Provérbios 31, porque a Bíblia diz que as roupas dela eram força e dignidade. Que você possa se vestir de força e dignidade, ainda que não seja fácil! Você vai conseguir limpar esses armários com a ajuda do Espírito Santo. Ele pode ajudá-la a colocar tudo em ordem dentro do seu coração. Ele a entende, está sempre com você e pode ajudá-la nessa tarefa. Vamos lá!

COMO ESTÃO SUAS EMOÇÕES?

> No mês de Nissan, Abibe, isto é, entre março e abril, do vigésimo ano do rei Artaxerxes, na hora de servir-lhe o vinho, levei-o ao rei. Nunca antes eu havia me apresentado com o semblante triste na presença dele; por esse motivo me indagou: "Por que o teu rosto está entristecido, se não estás enfermo? Isso só pode ser tristeza da alma!" Então, neste momento, tive muito medo, e justifiquei ao rei: "Que o rei viva para sempre! Como meu rosto não estaria triste, se a cidade em que está o sepulcro dos meus pais está completamente destruída e as suas portas consumidas pelo fogo?" (Neemias 2:1-3)

A história de Neemias ilustra bem a forma como devemos lidar com as nossas emoções. Neemias recebeu a notícia de que Jerusalém estava em ruínas, que seus muros estavam quebrados, seus portões estavam queimados e que os judeus que voltaram do cativeiro na Babilônia estavam vivendo um momento de caos. Toda essa situação trouxe uma grande tristeza para a sua alma. É interessante afirmar que ninguém podia comparecer à presença do rei triste. "Por que o teu rosto está entristecido, se não estás enfermo? Isso só pode ser tristeza da alma!" (Neemias 2:2)

Neemias escondeu sua tristeza, até que, certo dia, o rei percebeu, e ele pode colocar para fora tudo o que estava no seu coração. Entenda que, para Neemias sentir tristeza, chorar, havia acontecido algo muito grande, pois não era qualquer motivo que tiraria Neemias de sua tranquilidade.

Você já ouviu falar sobre estabilidade emocional? O que significa emoção? Emoção significa agitação de sentimentos, abalo afetivo ou moral, turbação, comoção, geralmente passageira provocada por algum fato que afeta a nossa alma. Neemias tinha estabilidade emocional, foi chamado pelo Senhor para fazer a grande obra de restauração da cidade de Jerusalém e trazer consolo para seus compatriotas que estavam desolados, tristes e sem esperança. Mas ele só pôde ser chamado porque havia nele estabilidade emocional.

Grandes líderes da Bíblia, quando chamados para fazer uma grande obra, foram tratados primeiro das suas emoções.

Você precisa ser uma pessoa estável emocionalmente!

Não dependa de circunstâncias favoráveis para ser feliz. O apóstolo Paulo disse ter aprendido a ser feliz em toda e qualquer situação. Ele sabia viver com muito e sabia viver com pouco, então aprenda a ser feliz com o que você tem. Pare de olhar para circunstâncias. Se há uma característica que meus amigos podem testificar é a minha alegria. Eu procuro estar sempre feliz, recebendo as pessoas com um sorriso. Posso estar com a minha alma inquieta, mas ninguém vai saber se eu não quiser contar. Aprendi a controlar minhas emoções, porque escolho não olhar para as circunstâncias. Olho para o Deus que me garante a vitória.

Seja uma pessoa tratável, maleável, permita que o Senhor molde você. Você precisa ser tratada, curada, e o Senhor pode fazer isso, mas você tem que permitir.

Mergulhe em Deus. Não existe ninguém melhor do que o Senhor para tratar nossa alma. Ele nos conhece nos mínimos detalhes. Se você sofre de instabilidade emocional, eu lhe aconselho a orar, pois a oração nos equilibra emocionalmente.

LANÇANDO FORA O MEDO!

> "O SENHOR é a minha luz e a minha salvação: a quem temerei? O SENHOR garante a minha existência; o que eu haveria de recear?" (Salmos 27:1)

Imagine que você está num desenho animado e que o medo é um monstro que está tentando pegá-la. Você está fugindo dele. Enquanto foge desse monstro, ele continua correndo atrás de você, vai crescendo e você vai ficando paralisada. Então, você não consegue mais fugir dele, fica paralisada, ele a pega, a domina, e você não consegue mais se livrar dele. Assim é o medo. O medo é como um monstro que entra na nossa alma para nos paralisar. E a porta por onde entra o medo é a nossa mente. Tudo o que aceitamos na nossa mente como verdade se transforma em emoção.

O salmista Davi enfrentou muitos perigos. Será que ele sentia medo? É claro que sentia, assim como nós também sentimos, mas ele não deixava que o medo o paralisasse. Ele fazia uma pergunta: se o Deus todo-poderoso está comigo, de quem eu terei medo? De ninguém!

O medo chega à nossa vida por meio do medo de falhar, do medo de multidões, do medo de doenças, do medo de rejeição, do medo de desemprego, do medo do que as pessoas pensam, do medo da crise financeira, do medo de guerras, do medo de ficar sozinho... O medo vem acompanhado da ansiedade, da fobia e da síndrome do pânico. Você pode fazer uma escolha hoje: ou você sente medo ou confia, não dá para os dois conviverem.

Lembro-me de uma certa época em que o Brasil passou por uma grande crise financeira e eu estava com muito medo. Comecei a dizer para Deus em oração: "Senhor, eu tenho medo de que essa crise atinja a minha família. E o Senhor ministrou tão forte no meu coração, que eu não precisava ter medo, precisava somente confiar, porque nós não seríamos atingidos por aquela crise."

Entenda algo: eu e você não estamos livres de sermos atingidos por crises porque estamos orando. O Sol nasce para os para os fiéis e para os infiéis, para os que creem e para os que não creem, e podemos escolher como reagir diante de uma crise. O medo não pode nos paralisar.

Enquanto escrevia essa pequena palavra, estava me lembrando que, algum tempo atrás, uma moça aqui da região, de um bairro vizinho, saiu para trabalhar e não voltou mais para casa, ela sumiu. Passado algum tempo, descobriram que ela estava morta. Quando tomei conhecimento dessa história, comecei a sentir medo de sair de casa para trabalhar. Sentia medo de sair para caminhar na rua e tive que enfrentar todos esses medos para continuar vivendo. Foi enfrentando e orando que venci.

Quantas pessoas vivem aprisionadas pelo medo!

Como vencer o medo?

- Renovando a mente.

"Não vos conformeis com este século, mas transformais-vos pela renovação da vossa mente para que experimenteis qual seja a boa, agradável, e perfeita vontade de Deus." (Romanos 12:02)

Deus tem para a sua vida uma vontade, um propósito, um plano, que é bom, agradável e perfeito, mas você só poderá viver esse plano se sua mente for renovada. Renove a mente na palavra de Deus e sinta a sua vida sendo transformada.

- Preencha a mente com a palavra de Deus, ative a sua mente dando alimento espiritual a ela.

Não olhe para o cenário ao seu redor, pois as circunstâncias dizem: "há perigo", "você vai perder o emprego", "essa enfermidade vai matar você", "não tem mais solução para a sua família". A palavra de Deus diz: "Não temas, porque eu sou contigo; não te assombres, porque eu sou o teu Deus; eu te esforço e te ajudo, e te sustento com a destra da minha justiça." (Isaías 41,10). Uau! Que promessa!

A expressão "não temas" é repetida cerca de 366 vezes na Bíblia. Isso significa que você tem um "não temas" para cada dia do ano. Esse Deus é incrível mesmo!

Não permita que seus sentimentos guiem sua vida. A Bíblia diz que o coração do homem é enganoso e as nossas emoções nos traem (Jeremias 17:9). Por esse motivo, você não pode ser movido pelos seus sentimentos.

Uma mulher de Deus não é movida pelas suas emoções, ela é movida pela direção que vem da palavra de Deus. Sempre enfrentaremos diversas adversidades na vida que tentarão nos desestabilizar emocionalmente, trazendo medo e insegurança, mas saiba que tudo faz parte do processo para conduzi-la à vida eterna com Deus.

Você não é a sua dor. Deus tem um projeto lindo para sua vida.

"Uma mulher de Deus não é movida pelas suas emoções. Ela é movida pela direção que vem da palavra de Deus."

Pra. Helena Silva

Pra. Juliana Maria

Olá! Eu me chamo Juliana Maria de Jesus. Sou nascida em Santo Antônio de Jacinto/MG, em uma fazenda chamada Vista Alegre, bem no interior da cidade. Nasci em 18 de agosto de 1983, sou casada com Samuel Ramos da Silva e mãe de dois meninos, Samuel Ramos da Silva Filho e Enzo Gabriel de Jesus Ramos. Sou filha de Glória Maria e Osvaldo.

Atualmente, moro no Rio de Janeiro, sou pastora, vice-presidente do ministério e vivo milagres em Mesquita. Sou dona de uma loja de roupas onde trabalho com moda evangélica. Resido na rua Tupã, 312, em Santa Teresina, Mesquita/RJ.

juliannamodaev

+55 (21) 99456-8966

Juliana de Jesus

sdasilva433@gmail

Improváveis + Resistentes

13 CURADA PARA CURAR

Por Pra. Juliana Maria

Para milhões de pessoas, a vida parece sem significado e absurda, andando sem direção, buscando refúgio em coisas perecíveis. Por muito tempo, me vi assim. Tenho, com este capítulo, a oportunidade de contar a minha história de vida e minha superação.

Tudo começou na cidade onde nasci, em Santo Antônio de Jacinto/MG. Minha mãe, Glória Maria, trabalhava em um pequeno hotel da cidade quando conheceu meu pai, Osvaldo, que era músico e estava de passagem. Após se conhecerem, eles tiveram uma relação curta. Naquele momento, minha mãe ficou grávida de mim. Então, o tempo passou e, quando minha mãe falou com minha avó, esta não aceitou o fato de a filha está grávida. Ao relatar para meu pai, ele não aceitou o fato de minha mãe ter engravidado e, logo depois, desapareceu. Minha avó, chateada, iniciou os maus-tratos, impedindo que minha mãe se alimentasse, preferindo jogar os restos de comida aos porcos do que servi-la. Como se não bastasse, a expulsou de casa. Na época, minha mãe tinha aproximadamente 15 anos de idade. Minha mãe e minha avó eram alcoólatras. Quando foi expulsa, minha mãe, desesperada, se abrigou na casa de uma amiga chamada Nice, que futuramente seria minha madrinha.

O tempo passou, minha mãe deu à luz a mim. Após 15 dias do meu nascimento, a sr.ª Nice apresentou um amigo fazendeiro chamado Júlio à minha mãe, porém ele tinha idade superior à dela. Contudo, como não tinha condições de me criar, ela se submeteu a ir morar com ele, mas o sr. Júlio já tinha doze filhos, o que o impediu de me registrar como filha.

Mas tempo passou, e minha mãe gerou cinco filhos, três meninas e dois meninos. Com 9 anos de idade, já com um certo entendimento, comecei a perceber que havia uma certa diferença no tratamento entre meus irmãos e eu. Por influência de meu padrasto, minha mãe me batia o tempo todo e sem motivos.

Havia um alambique próximo de casa e foi então que minha mãe se entregou completamente à bebida e ainda me servia aquilo. Consequentemente, aos 9 anos, comecei a experimentar cachaça. Um dia, conversando com minha mãe, pois não entendia o porquê dos maus-tratos e da diferença entre meus irmãos e eu, ela então me disse que eu não era filha do sr. Júlio.

A convivência foi ficando cada vez mais difícil e, quando eu estava com 10 anos de idade, minha mãe me deu para a dona do hotel onde trabalhava. Durante quatro anos morando com essa senhora, sofri muito. Para me alimentar, antes precisava higienizar todas as dependências do hotel. Nesse período, aconteceu um fato que me entristeceu muito: ao descobrir que eu estava com piolho, a dona do hotel raspou minha cabeça. Foi aí que tiveram início aos traumas em minha vida.

Aos 14 anos de idade, com ajuda de um dos meus irmãos de consideração, segui viagem para Pontal, cidade de São Paulo. Chegando lá, consegui emprego em uma residência como doméstica, onde diversas vezes fui molestada dentro de casa por meu patrão e seu filho. Então, saí dali e fui morar em Belo Horizonte, onde consegui emprego como babá em uma residência. Nesse meio tempo, já deprimida, comecei a beber muito e todo tipo de bebida, me tornando alcoólica. Sem contato com minha família, em minha cabeça, não tinha mais motivos para viver. Foi então que, um dia, juntei algumas economias e retornei para a minha cidade, onde minha mãe e meus irmãos estavam. Chegando lá, minha mãe estava morando na cidade e separada de meu padrasto, mas, ainda assim, não tive uma boa recepção, ela não queria saber de mim. Assim, fui procurar minha avó, que disse:

— Filha, sua mãe não ama e não liga para você.

Fiquei muito abalada, pois tudo o que eu queria era um abraço, amor, carinho, mas não tinha. Em minha cidade, eu tinha um amigo que trabalhava com vendas de livros, então ele me fez um convite para viajar a serviço com ele e sua equipe para uma cidade do Rio de Janeiro chamada Três Rios. Eu aceitei o convite. No Rio de Janeiro, iniciamos os trabalhos de vendas de livros.

O tempo passava e, de ano em ano, eu retornava para minha cidade para ver meus irmãos e minha mãe, porém sempre era desprezada por ela.

Em uma ocasião, quando cheguei, minha mãe havia arrumado um homem mais novo como esposo, mas esse homem estava interessado em uma de minhas irmãs de apenas 14 anos. Quando tentei orientar minha mãe, ela ficou furiosa, mandou que eu me retirasse e que não era bem-vinda. Então, naquele momento, disse a ela que não voltaria nunca mais. Retornei ao Rio com medo de acontecer o pior, então trouxe minha irmã de 14 anos pra morar comigo. Trabalhando com a equipe de vendas, fomos morar em uma cidade chamada Duque de Caxias, no Rio de Janeiro.

O tempo foi passando e continuei bebendo muito, saindo para baladas e me prostituindo. E Deus sempre me dando livramento. Nesse tempo, conheci uma moça chamada Cristina. Um dia, Cristina me apresentou um centro de macumba, que comecei a frequentar e, mais tarde, a cozinhar feijoada para preto velho. Uma vez, realizamos a festa no terreiro de macumba, e o diabo se apresentou falando comigo. Por meio de um corpo manifesto, ele perguntou o que eu queria que fizesse por mim. Então eu disse:

— Não preciso de nada.

Porém, ele insistiu, me pediu um assento e eu, por não conhecer e sem saber qual era o significado daquilo, prometi que daria. Ao pesquisar, vi que se tratava de algo de um valor alto. Eu não tinha condição nenhuma de comprar, então me recusei, mas, como havia prometido, diversas vezes sofri ameaças das entidades. Como não conhecia Jesus, comecei a sofrer consequências, entre elas no relacionamento, na vida financeira. Eu estava bebendo desesperadamente, e um espírito de loucura começou a se apoderar de mim.

Podemos traçar nosso caminho, mas é Deus que dirige cada passo. No tempo em que estive frequentando o terreiro, várias vezes, vi situações terríveis, então percebi que ali não era para mim. Recebia recados de que o diabo acabaria com minha vida. Nesse tempo, terminei um relacionamento de três anos com um rapaz e, assim que terminei, descobrir que estava grávida. Quando o pai soube, não aceitou a gravidez e ainda me ameaçou de morte. Acredito que nada acontece por acaso, pois aquilo que parece ser o acaso, na verdade, faz parte do plano soberano de Deus.

Em um belo dia em que estava trabalhando, comecei a sentir dores fortes e, logo depois, a sangrar muito, então fui levada para o hospital Sousa Aguiar, no Centro do Rio de Janeiro. O médico informou que tinha tido um descolamento de placenta e que precisaria realizar uma curetagem o mais rápido possível. Eu me recusei, pois queria muito o bebê, então fui levada para casa logo e precisaria ficar em repouso, mas, como não trabalhava de carteira assinada, fui mandada embora do serviço sem direito a nada. Por não ter como pagar o aluguel, fui também despejada da casa onde morava com minha irmã. Sem dinheiro e sem trabalho começamos a passar necessidade, então pedi ajuda à Cristina e ela nos acolheu em sua casa.

As ameaças do diabo cresciam, e as coisas para mim iam de mal a pior. O sangramento piorou, hospital nenhum me atendia e, durante seis meses, fiquei sangrando com a criança morta dentro de mim. Cheirava mal como fígado de galinha podre. Com isso, ia gastando o que tinha e não tinha.

Um belo dia, Cristina me chamou para irmos a uma igreja. Muito frágil, pesando 35 kg por tudo o que já havia passado, decidi ir com ela, pois a única esperança estava em Deus.

No momento que o pastor começou a pregar, tive um sangramento muito intenso dentro da igreja e, de repente, começou a sair pedaços de sangue em minhas pernas. Fui conduzida para casa e, ao entrar no banheiro, não me contive em pé e desmaiei. Acordei em um hospital. Ali pude ver a mão de Deus sobre mim. Realizaram a curetagem e, após dois dias internada, recebi alta do hospital e, logo em seguida, comecei a trabalhar novamente com vendas de livros com Cristina e minha irmã.

Comecei a caminhar aos poucos para a igreja, porém sem compromisso. Um dia, trabalhando em uma cidade de nome Mesquita, chegamos a uma casa para vender livros, onde uma mulher, usada por Deus, disse à minha irmã para tomar cuidado, pois onde nós morávamos havia um homem que a observava e que, se ela não vigiasse, seria pega e estuprada. Porém, ela não deu ouvidos e, infelizmente, aconteceu. Fomos pegas juntas por um estuprador e, por minha irmã ser menor de idade, me ofereci para ser estuprada no lugar dela. Isso com apenas dois dias de eu haver feito a curetagem. Após esse processo que vivi, entreguei minha vida a Jesus. Ele sarou minhas feridas, curou meus traumas, me ensinou a perdoar e a amar. Por meio da minha conversão, Deus fez o extraordinário em minha família.

Retornei à minha cidade, pedi perdão à minha mãe, e ela também pediu a mim. Entendi que tudo o que ela havia feito era reflexo do que tinha sofrido com minha avó. Trouxe ela e todos os meus irmãos para o Rio de Janeiro.

Minha mãe estava bastante enferma, não ouvia, não falava e mal andava sozinha, precisava do auxílio de alguém que a carregasse, e nos foi revelado por Deus que ela estava sofrendo e sendo vítima de bruxaria, então começamos a orar e a repreender esse mal sobre sua vida. Pela misericórdia, Deus a curou e restaurou sua saúde. Depois de curada, ela resolveu retornar para a sua cidade, porém, após as coisas se dificultarem para ela lá, retornou ao Rio de Janeiro.

Nesse período, conheci uma pessoa que não olhou para meu passado e me disse:

— Daqui para frente, iniciaremos a nossa história.

Há 17 anos, hoje, estou casada com um pastor, tenho dois filhos, minha família se converteu e todos fazem parte da igreja onde sou pastora e vice-presidente. Hoje, eu entendo o motivo de passar por tudo isso: era necessário para eu levar cura para outras mulheres. Deus me deu um projeto anual que tem como título: Curadas para curar — as minhas escolhas erradas não me impediram de conhecer Deus e ser transformada.

"Sua maior dor de hoje será o seu maior testemunho de amanhã."

Pra. Juliana Maria

Laís Mineiro

Sou Laís da Silva Gomes Mineiro, de 41 anos, nascida na cidade de São João de Meriti/RJ, em 26 de janeiro de 1982. Sou filha caçula de Luís Francisco Gomes e Margarida da Silva Gomes, irmã de Marlene, Marli e Leni, casada com o diácono Manoel Mineiro e mãe de duas lindas princesas: Manoelly (13 anos) e Lorena (5 anos).

Sou técnica em Química com graduação em Estética e Cosmetologia e passei por algumas empresas de cosméticos aqui no Rio de Janeiro (Lilás, Skafe, L'oreal etc.).

Larguei minha carreira profissional ao descobrir minha primeira gravidez (2010) para me dedicar 100% à maternidade.

Sirvo ao Senhor Jesus, com minha família, na Igreja Batista Nova Jerusalém, em Chatuba/Mesquita/RJ, presidida pelo pastor Antônio Carlos Pereira Moreno. Ali atuo no Ministério de Louvor e na diretoria da sociedade feminina.

Amo louvar e adorar Aquele que me criou.

laisdasilvag

laisamoresmineiro@gmail.com

Improváveis + Resistentes

14 O PODER SOBRENATURAL DO PERDÃO

Por Laís Mineiro

Estou escrevendo estas palavras e pensando: "não sou melhor que você, a minha vida não é melhor que a sua". Temos o mesmo Oleiro. Fui feita do mesmo material que você. E que nosso Oleiro a refaça, a restaure e a cure.

Quero lhe contar um pouco da minha história e sobre a restauração que, para mim, era improvável, mas o Senhor fez e continua fazendo no meu casamento, na minha vida e na minha família.

Cresci num lar evangélico. Meu pai era vigia; minha mãe, vendedora. Ele era um homem trabalhador, carinhoso, assistia a Chaves — um dos meus programas preferidos — comigo, porém onde antes havia carinho e amor, surgiram brigas constantes. Recordo com tristeza de quando minha mãe o colocou para fora de casa ao descobrir que ele a havia traído. Eu tinha 9 anos.

Tomei ódio de traição e dele também, pois aquele que eu considerava meu herói havia me ferido. Aos 16 anos, viajei para Machados/PE, cidade natal do meu pai, para onde ele retornou após a separação. No dia em que o encontrei, meu coração parecia que ia sair pela boca. Ao nos abraçarmos, fiquei trêmula, emocionada, pedi perdão, e aquele ódio foi embora.

Naquela época, comecei a namorar. Sentia falta da presença masculina, então meus relacionamentos eram difíceis, marcados por ciúmes e insegurança, o que fazia com o que o término fosse inevitável. Acabei, inclusive, me afastando dos caminhos do Senhor.

Em 2006, tomei uma decisão: buscar de Deus uma benção para minha vida sentimental. Pedi alguém que fosse cristão, temente a Ele, romântico, carinhoso e que me amasse de verdade. Em 2007, num evento evangelístico, Deus falou comigo de uma forma especial. Estava muito triste pelo término do meu último relacionamento e, de repente, chegou uma noiva. Numa igreja próxima ao local do evento (Igreja Batista Nova Jerusalém - IBNJ), iria acontecer um casamento. Igreja enorme, linda, bem decorada, local onde tinha entrado quando criança e, já naquela época, nasceu o sonho de me casar numa igreja como aquela, entrando bem devagar ao som da marcha nupcial. Se você que tem um sonho, entregue-o a Deus, Ele pode realizá-lo. Basta você crer e esperar nEle.

No palco, num momento de louvor, comecei a me derramar na presença do Senhor, lembrando das promessas que um dia foram feitas a mim. Foi então que senti uma paz me envolver. Era o Espírito Santo me trazendo uma certeza: de que meu pedido seria atendido, realizado.

Em setembro de 2007, conheci meu esposo. Foi tudo muito rápido. Em outubro começamos a namorar; em março de 2008, noivamos; e, em 20 de dezembro de 2008, nos casamos. Ele, membro da IBNJ, a igreja da experiência de 2007. Eu havia encontrado um príncipe, um homem me dado como presente de Deus: cristão, lindo, romântico, carinhoso.

Tudo maravilhoso: cerimônia, recepção... Eu me senti como uma rainha! Estava com 26 anos, e meu esposo, com 36. Decidimos que não demoraríamos a ter filhos. Assim, em novembro de 2010, nasceu nossa primogênita, Manoelly. Foi uma gravidez com um pouco de complicações, mas ela nasceu completamente saudável, para a glória de Deus.

Mas a vida, mesmo cristã, não é um conto de fadas. Em março de 2012, conhcci uma pessoa, que vou chamar de Jean (nome fictício), me envolvi com ela. O que eu não suportava (traição) acabei cometendo. Não culpo somente o inimigo de nossas almas, pois ele apenas se aproveita de nossas escolhas erradas para tentar destruir nossas vidas, nossas famílias, afinal, como a palavra de Deus já nos adverte: "O ladrão veio tão somente para roubar, matar, destruir" (João 10:10 parte a).

Essa situação chegou até meus pastores, passada a eles por uma pessoa que tinha acesso à minha conta de Orkut. Não tive como mentir mais. Confessei, e foram chamar meu marido, para que então eu contasse para ele. Estava arrasada, envergonhada, me sentindo muito mal. Quando meu marido chegou, me joguei nos braços dele chorando, pedindo o perdão dele e mal consegui confessar meu pecado devido à angústia que tomou conta de minha alma.

Ele decidiu me perdoar, porém, para piorar minha vergonha, minha dor, não somente meus pastores e meu marido sabiam desse erro, como a pessoa que contou ao meu pastor, fez questão de espalhar para muitos de nossos amigos em nossa igreja, e meu erro se tornou exposto. A minha família foi exposta.

Foram dias terríveis. Eu me sentia como a mulher adúltera do Evangelho de João 8. Quando saía, a sensação que eu tinha era de que seria apedrejada a qualquer momento. Fomos colocados em disciplina, envergonhados, passamos a ir a outras igrejas, pois precisávamos nos fortalecer em Deus. Eu, para conseguir me perdoar; e meu esposo, para se curar da ferida que eu havia causado nele.

Começamos a fazer uma campanha na igreja Assembleia de Deus Nova Iguaçu (ADNI) e, numa noite em especial, o Espírito Santo usou a pastora Helena Raquel para liberar uma palavra profética a um casal que estava vivendo um momento muito difícil, de muita vergonha e dor, mas a quem Deus mandava dizer que não era para saírem do lugar onde Ele os havia colocado e que, onde hoje havia desonra, Ele iria honrá-los e lá completariam 25 anos de casados. Tomamos posse dessa palavra!

Tudo caminhava muito bem, porém, em dezembro de 2013, percebi meu esposo estranho; parecia mais distante e frio. Clamei a Deus para desvendar se houvesse alguma coisa em oculto. Em junho de 2014, descobri o quê? Uma traição. Agora era ele quem quebrava nossa aliança, com Justine (nome fictício). Com o coração em pedaços, eu me perguntava o porquê daquilo tudo estar acontecendo. Logo eu me respondia que estava colhendo o que havia plantado no passado. Eu ainda não havia me perdoado totalmente por ter quebrado nossa aliança. Era como se eu merecesse aquela "vingança".

Procurei meus pastores, contei o que havia descoberto, e deu para perceber a tristeza no semblante deles por estarem recebendo mais uma bomba. Oraram por mim, e voltei para casa mais calma, disposta a ter uma conversa franca com meu marido, quando ele retornasse do trabalho. Após sua chegada, ele jantou, tomou banho sentou-se ao meu lado e começamos a conversar. Eu estava falando bem serena, sentindo uma paz sobrenatural, que havia entrado no meu coração desde a oração que meus pastores haviam feito por mim, paz que só o Espírito Santo pode nos transmitir.

Fui direta, perguntei a ele se desejava continuar comigo ou seguir com a Justine. Deixei claro que o amava, mas que ele não era obrigado a permanecer casado se não me amasse mais. Ele disse que não havia percebido esse esfriamento, respondeu que me amava, mas não como antes, e não queria desistir de nosso casamento e pediu que se eu o perdoasse, pois tentaria, ao meu lado e com a ajuda de Deus, reconstruir o nosso casamento. Eu o abracei e disse que era claro que o perdoava. Assim como ele me perdoou, também o perdoaria, mas não podia esconder que estava ferida e precisava de uma cura sobrenatural.

Novamente, entramos em disciplina. Envergonhados, começamos a visitar igrejas próximas e, numa dessas visitas, ouvimos uma pregação sobre as talhas no primeiro milagre de Jesus, e uma das talhas falava sobre perdão. Isso mexeu muito comigo, pois eu precisava perdoar a mim mesma, perdoar de verdade meu esposo e, também, a Justine, que era uma pessoa muito próxima e do meu convívio, o que tornou a minha experiência de traição bem pior, porque me senti traída duplamente. Confesso que, algumas vezes, pensei em acabar com minha vida. Falo isso com vergonha, pois conheço a palavra de Deus e sei que ela condena o homicídio, pois é isso que o suicídio é, eu matar minha própria vida´. Só quem tem esse direito é o Criador. E, se você, independentemente da dor que esteja sofrendo hoje, tem pensado nisso, repreenda esse pensamento em nome de Jesus, clame a Ele! Ele é socorro muito presente na hora da angústia!

Eu implorava diariamente pelo socorro do Senhor. O que também me fazia ter forças para não cometer tal loucura era Manu, que, aos 4 anos, me consolava com palavras que vinham dos céus. Deus a usava para me confortar, e até hoje ela é assim.

Em 2014, realizamos o curso Casados para Sempre, que super-recomendo, com estratégias que, em conjunto, melhoram e muito a vida do casal. Ali começamos a liberar perdão um para o outro e a passar pelo processo de restauração.

O tempo foi passando, percebi meu marido voltando a me amar (até mais que antes) e Manu começou a nos pedir para ter um(a) irmão(a). Relutei um pouco, embora lá no fundo eu quisesse, e meu esposo também, e, em março de 2018, nasceu nossa segunda princesa: Lorena Mineiro.

Tivemos uma gestação bem tranquila. Nesse período, liberei o perdão para Justine e, embora nunca mais ela voltasse a frequentar minha casa como antes, eu já podia vê-la na rua, sem ódio no coração.

Nosso casamento segue em restauração, com conversa, oração e vigilância, com alguns cuidados e regras que, devido ao que passamos, entendemos ser uma prevenção para nós e que talvez sirvam para o seu casamento também:

1- nunca receber em nossa casa ninguém do sexo oposto sozinho(a);

2- nunca dar ou receber carona de alguém do sexo oposto sozinho(a);

3- evitar ao máximo contatos físicos com pessoas do sexo oposto; e

4- sempre ser transparente um com o outro ao primeiro sinal de esfriamento e distanciamento, principalmente se surgir algum pensamento/sentimento com relação a uma pessoa que admiramos.

Hoje, minha família está envolvida com Deus e com sua obra, meu marido continua diácono e é tesoureiro, minhas duas filhas estão participando do Ministério de Dança e eu estou no Ministério de Louvor e na tesouraria do Departamento Feminino, servindo ao Senhor com imensa alegria e gratidão.

Concluindo, não estamos falando de religião, mas de espiritualidade, de relacionamento com nosso Criador, a quem, por Sua infinita e inexplicável graça, podemos chamar de Pai, que está nos céus, mas nos contempla na Terra como filhos, que erram, mas tem a noção de que existe um mundo espiritual à nossa volta, que podemos acessar a um Deus vivo, que nos perdoa, nos transforma, nos restaura, nos cura e nos capacita a dizer por meio da ajuda dEle: "Somos improváveis sim, mas resistentes, pois nossa resistência vem dEle. Toda honra, toda glória para Ele. Amém!

"Adultério: não permita que as pedras da culpa, da vergonha e da condenação destruam o seu casamento!"

Laís Mineiro

Leila Lima

Eu sou Leila de Lima Ferreira e tenho 49 anos.

Sou filha de Raimunda de Lima Ferreira e de Cícero Alves Ferreira (in memoriam) e mãe de um filho.

Sou ministra de dança, intercessora, empreendedora e obreira.

leilalima234

Leila Lima Ferreira

leilalimaferreira123@gmail.com

Improváveis + Resistentes

15 DANÇANDO SOBRE A DOR

Por Leila Lima

Eu não nasci em uma família evangélica. Era uma criança introvertida, mas sonhadora. Sonhava em ser bailarina, porém, devido às condições financeiras, nunca pude fazer aulas de balé, mas sempre amei a dança.

Fui crescendo em um ambiente espírita. Minha mãe frequentava e me levava aos centros e, quando não conhecemos a Jesus, ficamos cegos e acreditamos em tudo o que nos apresentam.

Meus pais sempre lutaram por mim e por meus irmãos. O meu pai era mais rígido, mas éramos uma família humilde e eles souberam nos dar uma boa educação e nos preparar para a vida.

Eu não tenho dúvidas de que minha família sempre foi escolhida por Deus para um propósito. Em um determinado tempo, fomos surpreendidos com uma enfermidade em minha mãe e um diagnóstico de câncer. Depois da cirurgia e do tratamento que a levou a uma depressão, ela foi ao encontro do Senhor. Que momento difícil para nós!

Naquela mesma época, eu nutria o sonho de constituir uma família, mesmo meu pai não aprovando o namoro. Depois de seis anos, eu me casei na igreja, tivemos uma festa e, a partir de então, comecei um longo processo de dores. Assim que completei dois anos de casada, engravidei realizando o desejo de ser mãe. Tive um único filho, pois não conseguia mais engravidar.

Eu, meu esposo e meu filho éramos como toda família normal. Bom, pelo menos, é o que eu enxergava. E íamos juntos para a igreja, pois meu esposo já atuava na igreja e, para mim, estava tudo bem. Porém, logo percebi que, na minha cabeça, estava tudo bem, mas, em volta de mim, estava tudo desmoronado. Mesmo assim, continuei acreditando que Deus poderia mudar a minha realidade e continuo crendo agora, pois meu compromisso com o Senhor sempre foi mais importante. Apesar das circunstâncias, eu sempre tive compromisso e continuo tendo. Mesmo passando por muitas coisas, nunca pensei em sair da presença, pois Ele é meu sustento, meu Pai e meu Amigo que nunca me abandonou. Se você mantiver um compromisso com Deus, sentirá também a proteção e o cuidado dEle. Eu lhe afirmo que, se você entregar a sua vida para Deus, Ele será um amigo, seu Pai, e cuidará de todos os detalhes dá sua vida e de tudo o que leva seu nome.

Pois bem, tudo o que sonhei e projetei começou a desmoronar, me tornando uma mulher frustrada e me fazendo sentir a dor na alma que me sufocava.

Há quase doze anos, a pastora vice-presidente da igreja onde eu congregava sentiu em seu coração o desejo de formar um grupo de mulheres maduras para dançar e fui convidada pela minha líder, que tem formação em dança, e fui com a cara e a coragem. Fomos ungidas e separadas para um propósito e, hoje, eu sei que fui separada por Deus para dançar para Ele.

Comecei a fazer passos coreográficos, porém, durante a trajetória na dança, passei por momentos muito difíceis dentro e fora de mim, mas o pior era no meu casamento. Contudo, mesmo chorando e sofrendo com dores na minha alma, eu ia dançar. Em um dos momentos mais difíceis que vivi, vi a minha vida virando do avesso, pois descobri que estava sendo traída e sabia que não era primeira vez. Mas, ainda assim, continuei lutando pela minha família.

Em uma noite, eu estava me arrumando para sair para ministrar em uma igreja, quando chegou uma mensagem no meu celular. Quando abri, me deparei com uma foto de um homem com uma criança no colo e uma mulher com outra criança e esse homem era meu marido. Confesso que, naquele momento, eu desmoronei, fiquei desesperada. Ele estava no portão de casa para me levar até a igreja e, automaticamente, liguei para ele e perguntei quem era a pessoa. Ele me pediu calma. Liguei para a minha líder e gritava de desespero, então ela me falou que eu não precisava ir até igreja para dançar. Mesmo assim, fui e falei para meu marido que, quando eu voltasse do culto, iríamos conversar.

Eu me lembro como se fosse hoje a roupa que usamos e o louvor que dançamos. Quando eu cheguei à igreja naquele dia, o louvor que dancei se chamava "Seu amor me refaz" e a parte do louvor que eu tinha que fazer falava assim: eu era aquela menina que acreditava que o amor daquele homem era verdadeiro, que entregou tudo o que tinha de mais precioso, até que um dia descobriu que não era o grande amor da vida dele, era apenas uma de mais três.

Depois, quando acabou, não aguentei, pois "a ficha caiu" e pedi para minha líder me levar para casa. Quando eu cheguei em casa, meu marido estava dormindo como se nada tivesse acontecido. Porém, existia uma dor que me sufocava e, com tanta dor na minha alma, tomei vários remédios para tentar o suicídio. Ele me socorreu, me levou para o hospital, onde me atenderam rapidamente e fizeram uma lavagem em mim. Então, uma enfermeira que estava cuidando de mim falou assim:

— Nunca mais faça isso, pois ninguém merece que nós tiremos a nossa vida. A partir de então, comecei a viver o pesadelo, pois a mulher da foto começou a vir fazer escândalos na porta da minha casa. Foram momentos de muita afronta, mas, mesmo sabendo de tudo, continuei casada.

Então, comecei a sentir algumas coisas. Sentia dores no peito e parecia que ia explodir. A sensação era a de que eu ia morrer, por isso corria para a emergência, fazia exames e não dava nada. Algum tempo depois, descobri que estava com ansiedade e depressão e passei a tomar remédios fortíssimos, que me faziam muito mal. Perdia peso, de noite tinha várias crises e tentei o suicídio outras vezes, achando isso que iria tirar a dor na minha alma. Em uma de minhas crises, meu marido disse que não aguentava me ver naquele estado. Ele saiu de casa várias vezes, mas voltava, e eu o aceitava de volta, achando que ia mudar. Continuei casada e fiquei vários anos lutando pelo meu casamento e acreditando que ele mudaria. Mesmo assim, com crises, sofrendo, eu dançava, pois o altar me renovava, me dava forças, me lembrava das promessas de que Deus me levaria para vários lugares por meio da dança. E era a isso que eu me apegava. Eu não parei em nenhum momento de dançar.

Com um filho para criar, me submeti a passar por abandonos, rejeições, afrontas e humilhações, até que um dia o Senhor falou para mim: "Basta!".

Com meu filho já adulto, eu não via possibilidades de restauração, pois meu esposo não queria, então nos divorciamos. Em quatro dias, já havia uma outra mulher também no meio disso tudo. Era a outra mulher que ele amava.

Então, eu me entreguei totalmente ao Senhor e, depois de algum tempo, mudei de igreja e, a partir dali, comecei a ser convidada para dançar em vários lugares. Ele começou a me levar para vários lugares durante a pandemia. No auge da minha dor e da minha crise, eu me lembro que tinha um caderno na minha cama, pois tenho o hábito de fazer anotações e ele me deu o título do meu capítulo, então comecei a escrever.

Hoje, sou curada, vivo a minha vida, fiz um curso para me formar como líder ministerial em dança profética, sou líder de dança e ensino crianças e mulheres a desenvolverem a dança. Ajudo mulheres a se sentirem capazes de dançar. Sempre me lembro de um versículo: "Deus não é um homem para que minta; nem filho do homem para que se arrependa. Acaso ele fala e deixa de cumprir? Acaso promete deixa de executar? (Números 23:19)

Hoje, eu tenho um ministério profético, e é no altar onde me refaço levando a palavra por meio dos meus movimentos. Enquanto eu tiver fôlego, adorarei o Senhor e dançarei sobre a dor.

Dançar sobre a dor é como dançar no escuro. Dançar em cima das circunstâncias é dançar em lágrimas, é dançar com a fé, porque você sabe quem Deus é, quem O chamou e o que Ele a chamou para ser.

Dançar sobre a dor é dançar com uma confiança inabalável, crendo que o Senhor continua trabalhando para aqueles que nEle esperam. É dançar guiada pelo Espírito, pela graça que transborda compaixão, misericórdia e fé. Por isso, eu perdoei o pai do meu filho, para eu poder viver tudo aquilo que Deus tem para mim. Hoje, eu vivo. O choro pode durar uma noite, mas a alegria vem pela manhã. Hoje, o Senhor tem me feito muito bem. Ele me refaz, Ele me renova, Ele me dá motivos para viver, e eu quero viver tudo aquilo que Deus reservou para mim. Hoje, para a glória e honra do Senhor, tenho o Ministério Profético Leila Lima.

Ei, mulher! Eu não sei qual é a sua dor, mas você pode dançar sobre ela. Você é mais forte do que pensa, então não é uma dor da rejeição, não é a dor do desprezo, não é a dor de uma perda ou mesmo de um divórcio que pode impedir Deus de cumprir o que Ele tem para a sua vida.

Levante-se agora e comece a dançar sobre a sua dor. Se não der para dançar, ande, mas se movimente sobre ela, porque existe um Deus que cuida de você, e Ele tem vida e abundância.

Eu dedico este livro à minha mãe, que esteve comigo em todos os piores dias da minha vida. Falo para ela que viverá muito para ver se cumprir em minha vida tudo que o Senhor me prometeu. E eu não poderia deixar de citar o nome da pastora Débora Moura, com a qual eu faço parte de vários projetos e fui convidada a para este livro.

Eu, Leila Lima, continuo dançando e motivo outras mulheres a dançarem, porque a dor é só um combustível para a construção de uma história, de uma mulher improvável como eu, mas que se tornou resistente.

"Cada lágrima que foi derramada no altar foi transformada em passos de dança."

Leila Lima

Miss. Márcia Brito

Sou a missionária Márcia Brito, filha de Odacir Alves Pessoa e Elayr Miranda Pessoa (in memoriam), meus exemplos por toda a vida, e casada há 34 anos com o pastor Charles Brito, meu porto seguro. Tenho um filho chamado Athos Francis, o maior presente de Deus na minha vida, que trouxe para família minha nora Raquel Jennifer, uma filha para nós. Juntos e com amor, eles me deram dois netos, Mirella e Antony, que são minhas preciosidades, minha calmaria.

Sou formada em Psicanálise. O intuito da minha formação foi exclusivamente para cuidar de vidas, de mulheres carentes de ajuda. Quando eu precisei, alguém me ajudou. Hoje, sou eu quem compartilha a ajuda, pastoreando ao lado do meu esposo há 25 anos na Assembleia de Deus na Lapa/RJ e aprendendo com o nosso Mestre Jesus que viver uma vida cristã não é um ato competitivo, mas, sim, de resistência.

marcia.brito.90281

+55 (21) 96497-7549

Improváveis + Resistentes

16 UMA VIDA GERANDO VIDAS

Por Miss. Márcia Brito

Fui criada em um lar simples. Nunca passamos fome, mas vivemos um período de muitas necessidades. Lembro-me que mamãe, às vezes, me colocava para dormir até mais tarde um pouco, porque não tínhamos café da manhã e, na hora do almoço, ela fazia "bolinhos de feijão" para comermos. Havia momentos em que mamãe dizia para nós orarmos para sentirmos gosto de carne enquanto comíamos os bolinhos feijão e, acredite, muitas das vezes, eu sentia mesmo. Na hora da aula, eu sempre levava a mesma merenda: tutu de feijão. As outras crianças sempre riam de mim, mas, mesmo constrangida, eu comia, porque era a única coisa que tinha para comer.

Foi assim até que, um dia, uma amiga da escola me perguntou se poderia experimentar a minha merenda. Na hora, eu aceitei. Ela experimentou o tutu de feijão que minha mãe havia preparado e amou. Imediatamente, me ofereceu uma troca pela merenda dela, que era biscoito recheado e suco. Que delícia! Naquele dia, comi com prazer. A partir daquele dia, ela ofereceu de sempre trocarmos as merendas. Deus sempre cuidando de mim! (Veja: Salmos 37:25.)

Nasci em berço evangélico, e meus pais sempre me consagraram ao Senhor. Até culto do bebê eu tive — um grande privilégio. Mamãe sempre foi uma mulher de fé, profeta do Senhor na minha vida. Fiz parte do Conjunto de Adolescentes, fui regente, depois fiz parte da Juventude. Naquele tempo, eu só possuía três peças de roupa, mas, mesmo assim, estava em todos os cultos. Eu via todo mundo com as suas lindas roupas novas, e eu sempre com as mesmas. Chegaram a me apelidar de "a menina do toc-toc", pois a sola do meu sapato já era gasta. Em vários momentos, eu chegava à igreja chorando, porque sofria demais com as pessoas que implicavam comigo por causa do barulho do meu sapato.

Em um daqueles dias, eu fui para igreja para o culto dos jovens. Lá ia eu de novo com a mesma roupa e o mesmo sapato de sola gasta! Quando cheguei, o conjunto já estava de joelho e só me restava lugar no primeiro banco. Por conta disso, não me ajoelhei. Então, a dirigente do conjunto me abordou falando que era para eu me ajoelhar, pois, caso contrário, seria falta de temor. Só que, até aquele momento, ela não sabia o motivo pelo qual eu não havia me ajoelhado. Com muita vergonha e já chorando, pedi para que ela olhasse para os meus pés. Quando ela olhou e ficou sem palavras, imediatamente Deus a tomou em línguas e profetizou para mim, "A partir daquele dia, Deus iria me abençoar e passaria a ter roupas para emprestar, ele me daria meu próprio negócio e teria tantos pares de sapatos que não caberiam no meu guarda-roupa". (Mateus 6:28-30)

Ainda muito nova, com 15 anos, fiquei noiva e, aos 16, me casei com o meu marido, hoje, pastor Charles. Acredite, minha mãe já havia me dito que eu me casaria nova. Cumpriu-se mais uma vez a promessa. Sempre temos que ter as bênçãos de nossos pais para que nossas vidas sejam abençoadas.

Minha primeira morada foi em Santa Cruz, Zona Oeste do Rio de Janeiro, onde ficamos por dois anos e meio, graças a minha irmã Esther e meu cunhado Renato, que nos emprestaram a casa deles até que Deus nos desse a nossa. Nesse período, eu engravidei. Logo comecei a imaginar que não conseguiria mais uma casa própria, mas, quando o meu filho Athos nasceu, Deus mostrou-me que junto com ele viria alegria, bênçãos e, do impossível, fez o possível. Manter a esperança em Deus nos torna pessoas resistentes.

Em um daqueles dias, me apareceu uma proposta para morar no lugar da minha raiz, Vila Kennedy, também Zona Oeste do Rio de Janeiro. Ali, Jesus me deu a minha casa e fui congregar na igreja onde meus pais me criaram.

Meu esposo sempre foi um homem de Deus, muito temente. Sempre fizemos a obra juntos, fomos líderes de jovens por dez anos, e ele tornou-se o segundo dirigente da congregação. Podíamos sentir o amor pela obra arder em nossos corações.

Nesse período de dez anos, tivemos três lojas, mas nunca deixei os meus compromissos com a casa e a obra do Senhor. Certa feita, eu estava em uma das lojas, acompanhada do meu esposo, e adentrou o local uma irmã muito humilde, que profetizou que as nossas três lojas fechariam e que Deus estava mostrando a ela uma terra seca que precisava e seria molhada e que ali viveríamos grandes experiências. Ela também falou que nos via fazendo essa obra toda com um Fusca branco. Ficamos sem entender, porque o cenário descrito por ela não condizia com a vida que tínhamos naquele momento. Porém, tudo aquilo nos serviu de experiência, apesar de não entendermos, até que o de repente de Deus aconteceu em nossas vidas. Nosso pastor presidente, Edmundo Alves (*in memoriam*), viu em nós aquilo que nós mesmos não sabíamos que tínhamos e nos chamou para dirigir uma congregação em um sub-bairro de Campo Grande chamado Carobinha. A dificuldade foi sair da nossa zona de conforto, mas chegou o dia e não teve jeito, tivemos que ir. Choramos muito pela dor da despedida, porém entendemos que a dor do chamado nos faz ter a responsabilidade de uma vida de integridade.

Quando chegamos lá, éramos apenas oito pessoas e entendemos o tamanho do desafio: não seria mais um grupo, mas, sim, a formação de uma nova igreja. Cheguei a pensar que Jesus nos havia abandonado, que o nosso pastor nos tinha mandado para lá para morrermos espiritualmente. Esse Deus faz coisas que não entendemos no momento!

Sem muita experiência pastoral, fomos aprendendo a cada dia com o dono da obra e ali começamos a fazer como Isaque (Gênesis 26:22). Cada vez que uma alma entrava por aquelas portas, era uma sensação de que Deus estava nos dando um sinal de que estava aprovando a obra de nossas mãos.

Tudo estava correndo bem — era o que eu imaginava —, quando o inesperado aconteceu. Acordei um dia me sentindo muito estranha, com uma vontade inexplicável de chorar, uma tristeza na alma, uma palpitação imensa no coração. Tinha a impressão de que ele sairia do corpo, sentia muitos calafrios e o corpo trêmulo. Foi aí que começou o meu processo interno. Meu esposo não sabia o que, na verdade, estava acontecendo comigo. Fomos ao médico e lá eles me medicaram, mas aqueles sintomas não sumiam. Foi quando fui diagnosticada com depressão e síndrome do pânico. Imagine uma missionária nova em uma igreja tendo que cuidar das ovelhas e ela mesma doente. Para mim, foram dias nublados e de muitas angústias. Eu olhava para o céu e só pensava que Jesus havia me esquecido. Não sabia, mas era Deus me preparando para a Sua grande obra. Como eu poderia falar sobre algo que não havia vivido?

Os médicos, com toda a sua inteligência, cuidaram de mim ao longo do tratamento da minha questão física até a alta. Eu ia para as consultas e, de lá, para a igreja. Nunca deixei de fazer a obra por causa da minha dor, porque eu sabia que havia gente pior do que eu naquele lugar. Isso se chama empatia, sentir a dor do outro. Em diversas ocasiões, abandonei a minha dor, para ser alívio da dor do outro. É importante entender que buscar ajuda não é sinal de fraqueza, mas, sim, um ato de autocuidado e amor-próprio. Então, entendi que precisei passar por tudo aquilo para me tornar uma mulher que carrega dentro de si o amor e a entrega integral pela obra de Deus.

Fui entender isso tudo ao longo da caminhada, quando as pessoas me procuravam para fazer gabinete e elas estavam sentindo os mesmos sintomas que eu sentia. Conversava com elas como se eu mesma já estivesse curada, e elas saíam do gabinete renovadas e crendo que estavam curadas também. Em alguns casos, elas chegavam a falar que eu era a médica delas, só que isso tudo era Deus nas nossas vidas, porque Ele é o dono da vida (Isaías 53:4).

Existem momentos na nossa vida em que vamos viver o processo para sermos a base de quem vem depois de nós. Fui tratada e curada pelo doutor Jesus.

O povo foi crescendo, e aquela congregação de oito membros tornou-se uma das maiores congregações do campo da Assembleia de Deus na Lapa. Quem faz tudo isso é o Senhor Jesus! A honra e a glória sempre serão dEle e a satisfação será nossa.

Quando eu pensei que estava concluído o desígnio de Deus para minha vida, o Senhor nos elevou de nível mais uma vez e nos surpreendeu, nos colocando na presidência de todo o campo da Assembleia de Deus na Lapa. Nasceu ali um novo desafio. Deus nos mostra que, quando Ele nos coloca em uma batalha, nunca lutamos sós. Sabe aquelas coisas que achamos que só podem acontecer com os outros e nunca acontecerão conosco? Pois bem, aconteceu comigo. Um certo dia, meu esposo e eu estávamos numa campanha de oração pela madrugada, diariamente sempre às 4 horas da manhã. Já quase no final da campanha de seis meses de oração, um homem de Deus que nós só conhecíamos de falar teve um sonho em que via meu esposo e eu de joelhos e Deus realizando o nosso "sonho". Ele dizia que o Senhor iria nos levar a um lugar que nos surpreenderia. Surpresa maior foi quando ele nos presenteou com uma viagem para Israel com tudo pago. Quando você supera os seus medos, é porque Deus quer que você voe para lugares mais altos.

Como de rotina, todo ano realizo meus exames periódicos, mas, daquela vez, ao apresentá-los à minha médica, ela me pediu um beta HCG, que surpreendentemente deu positivo. Meu esposo e eu chegamos a brincar que éramos Sarah e Abraão. Os exames apontaram que eu estava no terceiro mês de gestação, só que infelizmente era uma gestação molar, o bebê já estava morto. Imediatamente, fui encaminhada para o processo de curetagem. Estava mais uma vez vivendo algo diferente na minha vida e me deparei no quarto das perdas. Lá, sem entender o propósito de tudo aquilo, foi que Deus me falou:

— A sua perda lhe gerou um milagre!

Olhando de fora, parecia que eu havia perdido, mas, de dentro, era um milagre, porque os médicos disseram que no futuro poderia se transformar em um câncer, caso eu não tivesse descoberto. O Senhor, com a Sua bondade, sempre está cuidando de mim. A cada semana que eu ia para o tratamento, Deus me fazia ver as vidas que precisavam ouvir a minha voz. Cheguei a me tornar líder do louvor da musicoterapia. Deus salvou vidas naquele lugar e pude entender que tudo na minha vida sempre foi para gerar milagres!

"Existem momentos nas nossas vidas em que vivemos o processo para sermos base de quem vem depois de nós."

Miss. Márcia Brito

PRA.Márcia Emília

Sou a pastora Márcia Emília, casada com o pastor Alcir de Oliveira. Juntos, temos dois filhos, Juliane e Julio Cezar, e dois netos lindos, Murilo e Brenda. Graduada em Teologia e Psicologia, meu maior prazer é ajudar pessoas.

Moro em Nilópolis, Rio de Janeiro, cidade onde atuo como psicóloga. Sou formada pela Universidade Estácio de Sá e, hoje, atuo em psicologia clínica também em Nova Iguaçu, assistindo várias pessoas em suas condições emocionais.

Tenho 51 anos e continuo ativa. Sou pós-graduada em Psicologia Hospitalar, com formação em Terapia Cognitiva Comportamental (TCC) e Terapia de Esquemas, além de estar me formando em Avaliação Neuropsicológica.

Existe uma outra história que antecede essa e que eu gostaria de compartilhar com você.

pastoramarciaemilia

psimarciaemilia

+55 (21) 99487-4033

psimarciaemilia14@gmail.com

Improváveis + Resistentes

17 IMPROVÁVEIS, VEM E VÊ!

Por Pra. Márcia Emília

"Disse-lhe Natanael: 'Pode vir alguma coisa boa de Nazaré?' Disse-lhe Filipe: 'Vem, e vê'." (João 1:46)

Você já passou por um fundo de poço?

Quero contar que, em uma noite, após ter dito ao meu esposo para não me incomodar e que, se alguém me procurasse, era para dizer que eu não estava, pois a sensação de exaustão, tristeza e frustração se arrastavam na minha vida, deitei e fechei os olhos. Foi quando comecei a ouvir um coral cantando, mas, como ao lado da minha casa há uma igreja, eu dizia: "Justo agora que eu quero dormir, começa esse coral a cantar".

Um fato interessante é que se repetia uma única frase nesse coral: "a alegria do Senhor está voltando" e era cada vez mais intensa, de modo que movia o meu interior. O meu coração acelerou e entendi que a harmonia e a afinação daquele coral eram impactantes demais para ser algo natural. Então, me levantei, abri a janela do quarto e me deparei com densas trevas e anjos reluzentes voando de forma rápida dissipando a escuridão que me cercava. Naquele momento, pude observar um ser de luz que vinha sobre nuvens aproximando-se cada vez mais da minha janela. A sua voz me estremecia por dentro, e a sua ordem era audaz:

— Márcia, vem e vê!

Ele queria que eu subisse e ficasse diante dele. Mas como? Ele era um ser enorme e com uma glória e um resplendor que não me permitiam vê-lo com total clareza. Vários temores surgiram: "e se eu morrer?", e todas aquelas sensações físicas, peso e tremor nas pernas, fraqueza e batimento cardíaco acelerado. Nenhuma condição em mim havia para cumprir tal ordem, e eu dizia:

— Eu não posso, Senhor.

Mas ele insistia:

— Márcia, vem e vê!

Eu repetia:

— Não tenho condições.

E ele:

— Vem e vê!

Eu:

— Não tenho forças.

Porém, ele dizia:

— Márcia, vem e vê!

Nenhum argumento meu aboliu a ordem: "Márcia, vem e vê!". Eu precisava obedecer, nem que aquilo fosse a última coisa que fizesse. Apoiei-me na janela e fui subindo, escalando a nuvem, até que me vi diante dele e, num solavanco, acordei. Nem acreditei que estava dormindo de tão real que era aquela vivência. Corri para sala e, aos prantos, falei com meu esposo que estava pronta para enfrentar a vida. O engraçado foi notar no olhar dele a expressão de incredulidade. Meu companheiro disse, com um sorriso nos lábios:

— Amor, você acabou de entrar no quarto dizendo que não queria mais nada. Como assim?

Expliquei tudo a ele, como em uma fração de segundo Deus havia enviado seu anjo para me tirar da prostração e do peso daquela depressão e que ele havia me chamado para ir e ver.

Depois, algumas coisas foram acontecendo e, em alguns momentos, ainda sinto a presença daquele anjo.

Terminei a minha graduação em Teologia e iria ingressar na de Psicologia, mas já se haviam passado anos e meu sonho foi para uma gaveta. Estava com dificuldades ministeriais e financeiras. Lembro-me do dia em que minha filha Juliane me disse:

— Mãe, inscrevi você na faculdade. Eu e você. Vamos fazer juntas a faculdade de Psicologia.

Quando cheguei para o vestibular e consegui fazer a redação, já voltei para casa dizendo que eu queria e que, se não conseguisse naquele momento, iria tentar até conseguir.

Ali começava um novo ciclo na minha vida e vi toda a minha família envolvida para que eu concluísse esse sonho. Trabalhei por anos como cabeleireira, profissão de que sempre me orgulhei devido ao retorno e ao contato com as pessoas, pois sempre supriu minhas necessidades. Após um período em que houve uma queda significativa no número de clientes, quando minha filha falou que tinha me inscrito, separei algum dinheiro para faculdade e, no final de ano, consegui reservar o equivalente a três mensalidades. Todo o tempo, eu podia ouvir: "Márcia, vem e vê!". Em cada detalhe, no material, no celular novo, em cada coisa que ele acrescentava, eu estava diante dele na nuvem sendo conduzida. Lembra?

Quando iniciei a graduação na unidade de Sulacap, assistindo a algumas aulas iniciais, um dos professores incentivou muito os financiamentos estudantis, então comecei uma saga de inscrições no Fies. Todos que já haviam começado primeiro que eu ficavam presos no sistema. Porém, ali mesmo, no laboratório de informática, fui acrescentando os dados cadastrais para a inscrição. Quando chegou o momento de colocar o endereço da unidade para a qual eu queria me matricular, como não sabia o endereço, coloquei o que estava em um envelope que havia recebido da Estácio. Depois disso, todo o sistema de inscrição agilizou e consegui me inscrever no Fies. Algumas pessoas me perguntaram como consegui, pois o sistema havia travado para elas em algum momento e não concluía de jeito nenhum.

Corri para a sala de matrícula para concluir com a unidade e, para minha surpresa, eles não achavam o meu nome ali. Eu já estava suando frio, até que descobriram que me matriculei para outra unidade, Estácio de Sá de Rio Comprido/RJ. Primeiro, pasmem, chamei-me de burra e imbecil e, depois, mais calma, entendi que aquela era uma unidade em que poucos fizeram inscrição para o Fies, por isso o acesso tinha sido rápido. Comecei a agradecer a Deus, pois aquele erro era o "vem e vê!". Ele vê o que não vemos, Ele usa o nosso possível erro para nos colocar exatamente na vaga certa. Foi Ele quem colocou ali aquela carta com o endereço, não o "errado", mas o certo.

Mas não parou por aí. Eu ainda não estava matriculada, por isso comecei uma saga por secretarias e sala de matrícula. Retornei várias vezes, e diziam que eu estava matriculada em Sulacap e que tinham que resolver lá; e eu ia para Sulacap, e lá me diziam que aquilo tinha que ser resolvido em Rio Comprido.

O prazo que o Fies tinha me dado para comparecer à unidade com todos os documentos estava se findando. Então, comecei a elevar um pouco o meu tom de voz e dizer que não sairia dali naquele dia enquanto não aparecesse alguém que pudesse resolver o meu problema. Só por que eu era inscrita pelo Fies não podiam me matricular naquela unidade? Que tipo de exclusão era aquela? As palavras brotavam em minha boca, então ouve um corre-corre e logo me levaram até a coordenadora do curso, que imediatamente resolveu meu problema. Eu tinha acabado de romper a bolha da exclusão. E você já se sentiu assim?

Não é fácil romper bolhas, e as mais difíceis são aquelas que criamos ao redor de nós mesmos, acreditando nos nossos preconceitos com relação a que algo é difícil demais e que não vamos alcançá-lo.

Eu podia até ser uma improvável, mas havia sobre mim uma resistência, uma força concedida e desenvolvida. De repente, essa resistência foi aprimorada na minha luta para cumprir a ordem do anjo, pois eu precisava fazer força para subir até o lugar que Ele havia reservado para mim.

Dia após dia, a meta era, durante seis meses, estudar em Rio Comprido, pois só depois desse prazo, poderia ir para qualquer outra unidade. Cumprido esse tempo, fui para a unidade de Nova Iguaçu, que era mais próxima da minha casa.

Minha vida de graduanda seguia com boas notas, fui selecionada para um grupo de pesquisa em Psicologia, levei conhecimento de pesquisas científicas para Brasília e para São Paulo e, todo o tempo, eu ouvia: "Márcia, vem e vê!". Concluí a graduação com louvor em todas as disciplinas, estágios e TCC entregues, até que disseram para aguardar que ligariam para marcar o dia da colação de grau.

A colação da minha filha Juliane foi marcada e, mesmo não sendo a minha, consegui entrar e colar grau junto com ela, de forma simbólica, porque tinha que esperar a minha vez ainda. Essa espera se estendeu e, devido a isso, procurei a faculdade para entender o que estava acontecendo. Eles alegavam que eu tinha que apresentar meu diploma de Teologia para conseguir tirar o de Psicologia sem ter pedido.

Tive que buscar na justiça o direito de ter o meu diploma, mais uma luta que precisei travar. Mas, no final, consegui o meu diploma e ainda uma indenização. Uma benção tão suada assim não poderia ser sem um propósito, não é mesmo?

Ouvi de algumas pessoas que o diploma iria para a gaveta e que, depois de uma certa idade, não existe mercado de trabalho, porém hoje, aos 51 anos, atendo de segunda a sexta e tenho pacientes para isso.

Mas nada disso que vivi faz sentido, se não for para dizer que se aconteceu comigo. Se consegui voltar a estudar depois de anos parada, de enfrentar todos esses desafios, você também pode. E digo mais: você irá ainda mais longe.

Quando se está no quarto sem vontade de sair, com a depressão afundando lhe na falta de direção e esperança, você ainda pode ouvir a voz de Deus dizendo que a alegria dEle está voltando para sua vida. Ele diz: "vem e vê". Aceite esse desafio e vá sem vontade mesmo, sem força mesmo. Vá, pois Ele vai abrir um caminho excelente para você. Há horas em que precisamos apenas obedecê-Lo, mesmo se julgarmos que em nós não há condição alguma.

Atualmente, com os conhecimentos da Psicologia, consigo identificar crenças centrais altamente limitantes que podem nos autossabotar e nos impedir de alcançar o que o céu tem para nós. São crenças de desvalor e desamparo e podem somatizar em dores e outros sintomas, como uma autoprofecia de algo que não conseguimos conquistar.

E foi assim. Já tinha ouvido: "pode vir alguma coisa boa dessa família?", mas Jo 1:46 me respondeu: "vem e vê". Jesus está escrevendo uma nova história entre os improváveis e os excluídos. Fui a primeira da minha família a concluir a faculdade; eu e minha filha, a psicóloga Juliane Silva.

E é exatamente isso, a pergunta de Natanael sobre se pode vir alguma coisa boa de Nazaré ainda ecoa nos dias de hoje. Quantos olham a nossa história, a nossa geografia e até a nossa genealogia e duvidam? Mas a resposta de Felipe abre um leque de possibilidades: "vem e vê".

A resposta do anjo para mim foi: "Marcia improvável, vem e vê". E essa imperativa não para só em mim ecoa com uma força capaz de levantar um poderoso exército de homens e mulheres: Improváveis, venham e vejam!

"Não é fácil romper bolhas, e as mais difíceis são aquelas que criamos ao redor de nós mesmos."

Pra. Márcia Emília

Margareth Souza

Sou Margareth Souza, casada com Washington Luís desde 1990, mãe da Bruna, pastora, pregadora, natural e residente de São Vicente/SP.

Bacharel em Sistemas de Informação pela Escola e Faculdade Fortec/Fatef, tenho especialização em Missões Transculturais a Distância pelo CEMTD - Missão Horizontes, treinamento na Escola de Treinamento (Eted) e discipulado na instituição Jovens com uma Missão (Jocum).

Professora durante 30 anos, eu evangelizava os alunos por meio de grupos pequenos, que são as Células. Cuidei de várias Células, em vários períodos, durante muitos anos. Muitos jovens e adolescentes se converteram e foram discipulados e consolidados.

Cresci na comunidade e, atualmente, pastoreio na Comunidade México 70, trabalhando com as famílias locais, e sempre procuro dar ênfase na importância dos estudos e levar o evangelho de salvação, cura e libertação.

margarethsouza_oficial

+55 (13) 99664-6554

ribeiromargareth90@gmail.com

Improváveis + Resistentes

18 CHAMADA PARA SERVIR

Por Margareth Souza

Desde muito nova, havia um desejo em meu coração: queria ajudar as pessoas, pois não suportava ver alguém sofrendo ou vivendo às margens da sociedade. E esse sentimento só aumentava conforme eu ia crescendo.

Os meus pais se separaram quando eu tinha 2 anos de idade, e, nessa época, fomos morar com minha avó materna, Ana. Tínhamos uma vida bem pobre. Durante a minha infância, passamos por vários momentos de necessidade, mas sempre estávamos todas juntas.

Brincando na rua, conheci uma missionária, que me apresentou a Jesus por meio de estudos bíblicos. Eu não via a hora de chegar o dia do estudo. Minha mãe trabalhava o dia todo para trazer o sustento para casa, só chegava à noite e, na maioria das vezes, eu e minhas irmãs, Marcia e Monica, já estávamos dormindo.

Aos meus 15 anos de idade, realmente entreguei a minha vida a Jesus, no culto fúnebre da vó Ana. Que dia inesquecível!

Lembro-me da nossa casa humilde, em cima das palafitas, onde passamos metade da nossa infância. Desde a adolescência, eu já trabalhava. Minha mãe nos ensinou o valor do trabalho. Minha mãe, Filomena, era a guerreira que nos defendia e que deixou de viver os seus sonhos para cuidar de suas filhas.

Quando chegava o dia do meu pagamento, eu pegava parte do salário e comprava presentes para levar ao asilo. Não tinha nenhum parente lá, mas o meu coração se enchia de alegria em poder ver o sorriso das vovós e dos vovôs. Era uma adolescente que passava as suas tardes de sábado com pessoas idosas e desconhecidas.

Ah! Como é bom servir, sem esperar ter muito dinheiro, mas começando com o que você tem!

Ainda jovem e nova na fé, fui convidada a participar do evangelismo infantil. Todos os domingos pela manhã, batíamos de casa em casa convidando as crianças da Comunidade México 70 para participar de um culto infantil matinal. Muitas crianças se converteram, e ali nasceu uma igreja.

Entendi que Deus tinha um propósito na minha vida e que eu tinha um chamado missionário, que ardia em meu coração. Eu me tornei uma intercessora por missões, e nasceu um amor pelo continente africano, África dos meus sonhos.

Eu me casei, tive a minha filha e, durante um tempo, me dediquei mais a minha casa e meu trabalho. Pensei que não era mais tempo de viver o chamado de Deus. Era apenas uma cristã nominal, mas isso não me bastava, porque havia uma chama no meu coração, e fazer a obra de Deus servindo ao próximo era a minha vida, o meu chamado.

Eu e a equipe que consegui reunir começamos a evangelizar nas madrugadas as pessoas em situação de rua, levando o alimento espiritual e o alimento físico. Eu procurava saber a história de cada uma delas. Percorríamos o Centro Velho de Santos, Catraia, Canal 4 e Canal 5.

Fazíamos o acolhimento e levávamos as pessoas para um abrigo, uma casa de recuperação, ou até mesmo de volta para o convívio familiar. Conseguimos resgatar famílias, e muitos se converteram a Cristo.

Eu me lembro de um ano em que tive uma revelação de Deus, de que naquele ano faria algumas viagens de socorro a missionários no campo.

Trabalhava com equipes de missões nas ruas, hospitais, presídios. Minha vida era intensa e o meu objetivo era contagiar pessoas, para que elas pudessem dar continuidade ao meu trabalho.

Então, a revelação se cumpriu. Nas minhas férias, eu, duas missionárias e minha filha, que na época tinha 13 anos, fomos para o sertão do Ceará. Levamos donativos e, durante um mês, percorremos várias cidades. Lá, pude contemplar um milagre. Conhecemos uma jovem de 18 anos que estava muda. Ela não era muda de nascença, mas estava totalmente muda, e os seus pais não sabiam mais o que fazer. Então, nós oramos e, de uma forma sobrenatural, ela voltou a falar. Naquela tarde, toda a sua família se converteu e aquela casa foi consagrada para cultos ao Senhor.

Certo dia, estávamos em um vilarejo chamado Empoeiras dos Tarjinos, e lá havia uma quadra de esportes abandonada. O lugar era no sertão, e as casas eram muito distantes umas das outras e, algumas, muito longe do vilarejo. Senti o Espírito Santo me dando a direção de realizar um evento naquela quadra abandonada e obedeci. Mobilizamos o local, convidamos as poucas pessoas que conseguimos e, no dia do evento, Deus nos surpreendeu: as pessoas vinham chegando de todas as partes, e aquele lugar ficou cheio delas. Preguei a palavra, houve conversões, pessoas voltando para Jesus, curas e o mover de Deus naquela noite.

Minha filha havia levado roupas de dança. Isso chamou a atenção das jovens e, logo, ela começou um grupo de dança no sertão. Elas dançavam na igreja.

No Evangelho de Lucas 5:10-11, a palavra diz:

> E, de igual modo, também de Tiago e João, filhos de Zebedeu, que eram companheiros de Simão. E disse Jesus a Simão: Não temas; de agora em diante serás pescador de homens.

E, levando os barcos para terra, deixaram tudo, e o seguiram.

Essa palavra foi a que Deus falou comigo na minha casa, pois, em oração, eu perguntava qual era o meu propósito.

Era ganhar vidas, cuidar, amar os menos favorecidos, compaixão, socorro.

Jesus chamou homens improváveis, pescadores, simples, andou com eles durante três anos e meio, ensinando o amor ao próximo, ensinando a amar, ensinando a compartilhar. As aulas de Jesus eram aulas práticas, Ele ensinava os seus discípulos com a sua própria vida. "Mas Deus escolheu os que são loucos para o mundo a fim de envergonhar os sábios e os que são fracos para o mundo a fim de envergonhar os fortes." (1Coríntios 1:27 NVI)

Quantas vezes, me achando totalmente incapacitada, com medo, com vergonha de me expor, fui chamada para servir, pregando o evangelho do reino, levando o alimento ao necessitado! E Deus foi me capacitando e me mostrando as direções. Já era professora na área de T.I., mas decidi me especializar na área de Missões. Fiz cursos à distância pela Missão Horizontes, pela Escola de Treinamento (Eted) e discipulado na Jovens com uma Missão (Jocum), cada vez mais apaixonada pela obra missionária.

Aos 18 anos de idade, minha filha foi para o Centro de Treinamento Missionário e ficou um ano e três meses trabalhando na obra e ajudando a igreja no campo missionário.

Nesse tempo, eu e meu esposo fomos convidados a assumir uma igreja na cidade de Peruíbe, litoral paulista. Deus já havia me dado um sonho do lugar onde eu estaria.

Chegando à cidade, na rua da igreja, havia muitos moradores de rua. Fizemos o dia da beleza para os homens que viviam à margem da sociedade. Quando entravam, cortavam o cabelo, faziam a barba, tomavam banho, escolhiam uma roupa no pequeno bazar que montamos na igreja e almoçavam. Era um dia diferente para eles, o dia em que eles se olhavam no espelho, podiam se contemplar e, depois, participavam do culto para ouvirem a palavra de Deus.

Uma vez por semana, nós íamos às vielas para levar um prato de sopa bem quentinha a quem precisava. Famílias inteiras saíam de casa para virem se alimentar. Enquanto isso, nós pregávamos a palavra de salvação.

E, por onde eu chegava, as crianças logo apareciam, então decidimos abrir uma Célula na casa que ficava estrategicamente na entrada da viela. O que mais me chamava a atenção era que as crianças eram assustadas, tinham crises de pânico. Aos poucos, elas foram entrando na igreja e, durante o culto, algumas entravam em crise. Meu coração chorava ao ver esse cenário e, conforme ia conhecendo cada uma delas, entendia o porquê do choro descontrolado delas, dos gritos de pânico. Sim, aquelas crianças tinham verdadeiros motivos para seu choro. Mas elas conheceram o Dono da Vida, Aquele que enxugaria toda lágrima dos olhos delas e traria a cura para suas almas, Jesus Cristo. A palavra de Deus nos diz: "Vinde a Mim, todos os que estão cansados e oprimidos, e Eu vos aliviarei." (Mateus 11:28)

E Jesus trouxe o alívio para aquelas crianças. Foi um tempo de muito trabalho, mas já havia pessoas me ajudando na igreja, com a mesma visão, com o mesmo amor, com o mesmo chamado.

O discipulado dá trabalho, requer muito do seu tempo, porém como é gratificante você investir em vidas e deixar nelas um pouco do que carrega, ver que estão dando frutos e que a obra de Deus não para.

Em 2017, tive o privilégio de fazer uma viagem missionária para o Senegal, com uma amiga.

Que experiência incrível! Durante 20 dias, vivemos intensamente tudo o que estava na agenda de Deus. Fizemos uma viagem de intercessão com uma equipe de missionários e percorremos todo o país. Passamos pelas fronteiras do Mali, Mauritânia (país onde existe perseguição severa aos cristãos), Guiné Bissau e Guiné Conacri, e nessas fronteiras fizemos atos proféticos, intercedendo por esses países.

Chegamos a Kedougou, a 600 quilômetros da capital Dacar, e lá entramos no vilarejo dos leprosos, local onde vivem as pessoas que foram esquecidas pela sociedade, mas nunca foram esquecidas por Deus. A missão dá assistência médica e provê o alimento básico para aquelas famílias uma vez ao mês. A lepra não é transmissível, porque já foram todos tratados.

Conheci vários vilarejos, e cada um com o seu dialeto, com seus costumes. As crianças amavam os doces e as balas que nós levávamos. Era tão bom ver a alegria no rosto delas! Muitas vezes, a linguagem que usávamos era o amor.

Conhecer aquelas mulheres leprosas, que, mesmo sem os dedos, que foram comidos pela lepra, ainda trabalhavam, me fez refletir sobre o quanto somos ingratos e murmuradores, em vez de agradecer por tudo o que temos.

Retornei para o Brasil com a mala cheia de experiências para contar. Valeu!

No final de 2018, fomos enviados para a Comunidade México 70.

Sirvo a essa comunidade aconselhando mulheres e casais, trabalhando com valores da família.

Durante a pandemia, vi a poderosa mão de Deus suprindo as necessidades do povo. Socorri muitas pessoas. Elas me procuravam, pediam ajuda, e eu as colocava no carro e levava ao pronto-socorro. Foi um tempo muito difícil, mas em tudo eu vi a poderosa mão de Deus nos guardando.

Aquela menina que ficava esperando o centro comunitário abrir para estar lá o dia todo e que um dia conheceu uma missionária que a apresentou a Jesus ouviu o chamado do Senhor Jesus quando Ele disse: "Filha, tu serás pescadora de vidas para o meu Reino". Aleluias!

"Faça a diferença na vida de alguém. Faça hoje. Sirva hoje.
Se for para fazer, faça com amor; e, se for para servir, sirva com amor."

Margareth Souza

Nádia Vieira de Oliveira

Sou Nádia Vieira de Oliveira, residente em Belo Horizonte. Tenho 54 anos, sou convertida na Igreja do Monte, vivi dezoito anos de divórcio, tive a restituição de meu casamento em 30 de setembro de 2019 e me casei novamente em 27 de fevereiro de 2020.

Hoje, sou apóstola da Comunidade Cristã Rios de Água Viva, que nasceu em meu coração no ano de 2008.

apostolanadiaoliveira

+55 (31) 99343-9647

Nadia Vieira

nadiavieira850@gmail.com

Improváveis + Resistentes

19 DEUS TEM UM MILAGRE PARA VOCÊ

Por Nádia Vieira de Oliveira

> Se envelhecer na Terra a sua raiz, e o seu tronco morrer no pó, Ao cheiro das águas brotará, e dará ramos como uma planta nova. (Jó 14:8-9)

Em 1986, eu concebi um filho chamado Alexsander fora de um relacionamento conjugal. Em 1987, conheci o Itamar em uma discoteca. Naquele momento, nos apaixonamos. Foi amor à primeira vista e começamos a nos relacionar. Casamos no ano de 1990, ficamos onze anos juntos e, durante todo esse tempo, aconteceram muitas traições.

Nesse período, tivemos um filho. Seu nome era Jonathan. Mesmo com o nascimento dessa criança, houve muita traição da parte dele. Nós não servíamos a Deus, éramos do mundo, sem conhecimento nenhum da palavra.

"E será que, se diligentemente aprenderem os caminhos do meu povo (...)" (Oseias 4:6).

Por causa de tantas traições, chegamos a nos separar no ano de 1997 e, no final desse mesmo ano, meu irmão me buscou para morar com ele em Brasília. A partir daquele instante, minha vida mudou. Começou naquele momento a minha conversão e uma busca constante de estar na igreja e procurar uma conexão com Deus.

Comecei a orar pela restituição do meu casamento. Orei durante quatro anos. No ano de 2002, ele me pediu o divórcio. Eu informei que ele teria de ir a Brasília para nos divorciarmos. Ele foi, e nós nos divorciamos. Depois do divórcio, voltei para Belo Horizonte. Durante um grande período, não tínhamos muito contato.

No ano de 2003, eu engravidei da minha segunda filha, Sara, de um rapaz com quem eu estava tendo um relacionamento. Hoje, meu esposo tem uma certa indignação com relação a essa situação, pois ele diz que Sara tinha de ter sido filha dele, mas não era.

Sara nasceu em 2024. Nós tínhamos pouco contato e, desde o nascimento dela, tomei uma posição, que ninguém nunca mais tocaria em mim e que eu iria esperar meu esposo.

"Senhor, tu és a minha porção e o meu cálice; és tu que garantes o meu futuro." (Salmos 16:5)

A partir daquele momento, comecei a me dedicar à obra, passei por muitas provações, passei fome, fiquei dois anos usando uma saia e duas blusas e o que conseguia de dinheiro era para comprar comida ou coisas para meus filhos.

Nesse período, comecei um propósito de oração buscando pela restituição do meu casamento, até que um dia eu disse que não iria mais estar na busca por essa restituição e estava abrindo mão da minha vida sentimental. Então, recebi de Deus uma revelação: que não precisaria abdicar da vida sentimental e me entregar nas mãos do Senhor, porque Ele iria restituir meu casamento.

"Quando o Senhor trouxe do cativeiro os que voltaram a Sião, estávamos como os que sonham. Então a nossa boca se encheu de riso e a nossa língua de cântico; então se dizia entre os gentios: Grandes coisas fez o Senhor a estes." (Salmos 126:1,2)

Durante esse período, me entreguei de cabeça à obra de todo o meu coração. Estava buscando e sempre falando ao Senhor que precisava me casar, pois eu estava dirigindo uma igreja sozinha e divorciada. Não podia conduzir uma igreja com essa ilegalidade e eu precisava de um companheiro para que a obra fosse completa.

Mas o Eterno nunca me permitiu casar com ninguém. Nesse período, eu conheci quatro pessoas que nunca tocaram em mim. Orávamos para ver se era da vontade de Deus, porém o Senhor nunca permitia nenhum tipo de relacionamento. Então, eu comecei a entender que Deus tinha um projeto para minha vida e que era para eu esperar nEle.

Como eu já estava esperando há muitos anos, no início do ano de 2019, a minha ex-sogra me ligou pedindo para eu ir à casa dela para o seu aniversário. A primeira coisa que perguntei foi:

— O Itamar estrará na festa?

Ela disse que não e que ele nunca ia nesses eventos, porque ficava só nos bares bebendo e sua presença seria bem difícil naquele momento.

Minha ex-sogra queria conhecer os seus três bisnetos, que são filhos do nosso filho David Jonathan, fruto do casamento com a minha nora Andresa, os nossos lindos netos, Emmanuele, Júlia e Daniel. Fomos ao aniversário e, de repente, estávamos lá sentados no evento e eis que abre o portão e aparece meu ex-marido, trajando uma roupa toda preta surrada, e bêbado.

Naquele momento, meu coração ardeu como nunca. Ardeu de tal forma e tão grandiosamente que entendi que eu o amava da mesma forma de quando o vi pela primeira vez em 1987.

Ele veio, sentou-se ao meu lado e pediu para casar comigo novamente. Eu disse que só casaria de novo se ele voltasse para a presença do Senhor e largasse a bebida. Foi então que ele perguntou:

— Mas como que eu vou fazer isso?

Eu propus:

— Venha morar na casa da sua mãe.

Então, ele voltou para a casa da mãe dele e, a partir daquele momento, nós começamos a conversar e eu passei a instruí-lo na palavra de Deus.

"Eis que assim será abençoado o homem que teme ao Senhor." (Salmos 128:4)

Ele começou a frequentar a igreja. Eu morava com meu filho, minha nora e minha filha Sara e meus nossos netos e, em um determinado momento, disse a ele:

— Vamos lá em casa para você conhecer onde moramos.

Ele não conhecia a nossa casa. Quando chegou, percebeu que a casa precisava ser pintada e de uma boa reforma e propôs realizá-la. Nesse mesmo instante, eu disse que aceitava, e ele veio para começar a pintar. Então o Eterno disse para eu propor para ele morar na minha casa enquanto realizava a reforma. Conversei com o Eterno e comentei:

— Mas nós não somos mais casados.

E o Pai falou:

— Deixe-o morar em um dos quartos da casa.

Nossa residência tinha quatro quartos.

Naquele momento, fiz a proposta ao meu ex-marido, que me respondeu:

— Nós não somos casados.

Eu, direcionada pelo Senhor, falei que ele ficaria no quarto do fundo até o nosso casamento. Então, para a glória do Nosso Senhor Jesus Cristo, no dia 27 de fevereiro de 2020, nós nos casamos novamente.

"Estou convencido de que aquele que começou boa obra em vocês, vai completá-la até o dia de Cristo Jesus." (Filipenses 1:6)

Depois de todas essas experiências, eu só tenho a dizer que o Eterno cumpre suas promessas. A promessa que Ele tinha feito para mim se cumpriu. Meu esposo largou a bebida, foi liberto e uma das suas virtudes é que ele sempre foi um homem trabalhador, por isso o Eterno transformou a vida dele. Sua vida foi totalmente transformada, pois Deus não queria trabalhar na vida dele primeiro, queria trabalhar na minha.

Talvez você esteja precisando que a sua vida seja restituída, então olhe para dentro de si, porque a mulher sábia edifica a sua casa. A sabedoria vem da mulher. Nós, mulheres, somos geradoras de milagres. Temos um poder incrível. O poder de gerar vida e gerar bênçãos está na mulher.

Naquele momento de retorno, entendi que o que precisava ser trabalhado era meu ser em sua plenitude, e não a vida do meu ex-marido.

O Eterno trabalhou na minha vida, mudou-me primeiro e foram 18 anos de mudança, de espera, de grandes transformações e, em razão dessa mudança, o meu esposo poderia voltar para um lar, para um casamento segundo o coração de Deus.

Agora, olhe para você, que é uma mulher improvável, veja como minha vida também foi improvável, e acredite que haverá sempre uma restituição grandiosa na sua vida, como houve na minha.

Este livro é o livro das improváveis, mas o Eterno faz acontecer. Você precisa ter fé. Eu a estou entregando agora a você, porque sei que Deus pode mudar a sua vida, sei que você, neste momento, deve estar chorando, pois olha para o meu testemunho e acha que é impossível. Mas não é!

Tudo é possível ao que crê. E, se você crer, vai ver a glória de Deus na sua vida. Haverá uma restituição. O tempo não vem para castigar, não vem para matar, o tempo vem para transformar e mudar sua história. Há muitas pessoas que não conseguem receber a bênção porque elas não conseguem passar pelo teste da prova que é o tempo.

O tempo muda o caráter e ele transforma. A mulher é sábia, poderosa, geradora de milagres, ela pode ter o que ela quiser na vida dela, contanto que o Eterno esteja à frente nesse momento.

É esta mensagem que eu deixo aqui para vocês.

O Eterno tem o poder para transformar, então que você seja abençoada com esta leitura, com este testemunho.

Glória ao Pai, nós damos glória ao Pai porque Ele é digno de ser adorado e engrandecido. Agradecemos a Yeshua por ter morrido e dado livre acesso ao Pai. E agradecemos ao Espírito Santo que habita dentro de nós, que nos dá discernimento, sabedoria e entendimento. Que o Espírito de Deus repouse sobre nós e nos dê a revelação e a sabedoria. E que você leia, tome posse, acredite neste testemunho e coloque-o em prática na sua vida. A restituição virá para você.

"Ainda que na terra envelheça a raiz, e no chão abandonado o seu tronco morrer, há esperança para você." (Diante do trono)

"Você ainda pode viver o sobrenatural."

Nádia Vieira de Oliveira

Eliz Makhlouf

Nelma Aragon

Shalom! Sou a apóstola Nelma Aragon, filha amada do Pai.

Paraense, vivendo em Curitiba há quinze anos, sou mãe de dois varões, conferencista, escritora, empreendedora e cristã há 36 anos.

Sou líder de ministério interdenominacional há 28 anos, com foco em batalha espiritual, libertação, restauração e ativação profética. Sou diretora de uma escola apostólica-profética Centro de Treinamento de Guerreiros (CTG), que tem como visão e missão: despertar, treinar, avivar, equipar a igreja, ativar líderes e levar a palavra de Deus aos quatro cantos do Brasil e do mundo. E já passei por vários países, como: Portugal, Espanha, Itália, EUA, França, Alemanha, Suíça, México, Guatemala etc.

nelma.aragon

ctgmirem

+55 (41) 99149-6619

nelma.aragon@gmail.com

ctgguerreiros7@gmail.com

CTG Guerreiros

Improváveis + Resistentes

20 UMA JORNADA PARA A TERRA QUE MANA LEITE E MEL

Por Nelma Aragon

Em 2008, quando eu fui para Curitiba, Santa Catarina e São Paulo para uma série de ministrações, participei de uma conferência. Nessa conferência, Deus usou um apóstolo para me entregar uma palavra profética que mudaria totalmente o curso da minha vida.

Recebi essa palavra dizendo que Deus me tiraria da minha terra e me levaria para Curitiba, para iniciar um ministério próprio, pois, onde eu estava, o meu ministério não iria prosperar e nem crescer. Duvidei quando aquele homem saiu do outro lado do palco e veio até a minha frente. Lembro que eu estava de camisa branca e olhava para os lados, enquanto ele falava:

— É para você que está de camisa branca. Deus vai tirar você da sua cidade e trazer para cá (Curitiba).

Eu pensava: "Como? Não conheço ninguém aqui! Como virei para esta cidade?".

E ele dizia:

— É para você mesmo. Deus está falando com você! Ele vai tirar você da sua cidade e trazer para cá (Curitiba).

Fiquei muito surpreendida. Acreditei nessa palavra e fiz prova do Senhor. Se Ele realmente falou, teria que preparar um lugar para eu ficar. Então, minha amiga dos Estados Unidos me apresentou uma pastora e lhe contei o que tinha acontecido. Então ela me disse:

— Você pode ficar aqui na minha casa.

Assim, o primeiro sinal, o Eterno fez, abriu as portas da casa dessa pastora para mim, meus dois filhos e uma moça que veio comigo. Comecei a entender que realmente Deus queria me tirar de Belém e me trazer para Curitiba.

Continuei orando ao Senhor e fiz mais uma prova. A segunda prova era Deus abrir as portas de uma boa escola para o meu filho. Essa seria outra confirmação. Então, essa pastora me levou à escola onde todos os filhos dela estudaram, e fiquei aguardando a resposta da diretora, que perguntou:

— Qual é o motivo de você querer matricular o seu filho?

Respondi:

— Estou de mudança para Curitiba.

Então, ela comentou:

— Esta escola é muito concorrida.

Vi que era praticamente impossível conseguir uma vaga ali, mas ela disse:

— A vaga do seu filho está garantida.

Portanto, a segunda resposta do Eterno chegou.

Esses foram os sinais que pedi, e Ele me respondeu. O terceiro foi surpreendente, porque fui conversar e contar para a minha amiga que mora nos EUA a respeito dessa palavra que Deus tinha me dado e ela falou assim:

— Não me diga nada. Você está sentada?

Respondi que sim.

Então ela disse:

— Deus me mostrou, quando eu estava orando por ti, que Ele vai te arrancar de Belém do Pará com raiz e tudo e vai te levar para Curitiba com todos os teus filhos.

Ela contou isso, e eu fiquei: "Meu DEUS!".

Contei depois para ela o que Deus tinha falado, e essa foi a terceira confirmação. O Senhor realmente me queria em Curitiba e saí com uma palavra que Ele me deu em Gênesis 12:1.

Retornei a Belém para buscar meus filhos e, quando recebi essa palavra da amiga dos EUA, fiquei pensando: "vou me organizar, vou vender minhas coisas, meus móveis, vou levantar um dinheiro para a mudança". Então, fui orar, e o Pai disse:

— Não, você não venderá nada. Você vai dar tudo.

Tentei questionar Deus:

— Eu não tenho dinheiro! Como que eu vou comprar essas passagens?

E, por meio de um grupo de oração, descobri que o irmão de uma das mulheres do grupo trabalha na Força Aérea Brasileira (FAB) e, assim, consegui as passagens. Dei todas as minhas coisas, dei meus móveis, eletrodomésticos, dei tudo. Vim só com a roupa do corpo para Curitiba, confiando numa promessa de Deus, confiando numa palavra dEle, pela fé.

Pela fé, nós movemos todas as coisas; pela fé, nós movemos os montes e as montanhas; pela fé, nós saltamos as muralhas; pela fé, nós vencemos os exércitos; pela fé, eu atravessei do Norte para o Sul.

Com outra palavra, de Isaias 43:6, vim para Curitiba com os meus dois filhos e Márcia veio junto comigo. Nós viemos para o Paraná pela FAB. Desembarcamos no Rio de Janeiro e, de lá, viemos de ônibus até Curitiba, para a casa da pastora que abriu as portas para nós. Chegamos aqui em novembro de 2008 e estamos aqui até hoje.

Chegamos na primavera, e tudo era novo: cidade totalmente diferente, cultura diferente, o clima frio — nós saímos do calor, tivemos que nos adaptar a toda uma cultura diferente, tudo muito diferente. Eu, apenas com o ministério, sem trabalho, porém com muitos desafios. Os convites começaram a vir, e nós começamos a viajar para São Paulo, Santa Catarina e outros estados. Assim, Deus foi nos sustentando e abrindo as portas.

A pergunta que faço a você é: qual o motivo?

Quais são os motivos para as pessoas deixarem suas casas, suas famílias e suas cidades para ir para outra cidade ou outro país? Geralmente, as pessoas estão em busca de uma vida financeira melhor ou cumprindo um chamado de Deus. E foi exatamente esse o meu caso.

Então, para você sair da sua terra e deixar para trás: família, amigos, escola, trabalho, bens, é preciso ter muita coragem, ter fé na palavra do Eterno de que tudo vai dar certo, que Ele está com você e nunca vai deixá-lo(a) a, porque Aquele que fez a promessa é fiel para cumprir.

Outro texto da palavra em Gênesis 28:1 diz que Isaque manda Jacó para outra cidade. Ele envia Jacó. Isaque envia seu filho para a terra de parentes distantes, e lá ele encontra a sua esposa Raquel. Ali ele encontra e estabelece a sua família.

No caso de Abraão, o texto nos mostra que ele é chamado por Deus. Então, muitos são os motivos pelos quais o Senhor nos tira da nossa terra ou nos envia a algum lugar. Alguns, já com a família completa; outros ainda vão para construir a sua família. Nós devemos confiar no Senhor.

Muitas pessoas perguntam: "mas o Senhor não poderia nos fazer prosperar na nossa terra? Por que Ele precisa nos tirar do nosso local de nascimento e nos enviar para outra cidade?". Sim, Deus pode nos fazer prosperar em nossa terra, porém Ele nos tira para tratar nosso caráter. O mais importante é nós entendermos o processo para o qual Deus nos tira da nossa terra e nos muda para outro país ou outra cidade. Este livro é exatamente para você, querido leitor, entender qual é o seu propósito na terra.

Seria totalmente improvável uma mulher solteira com dois filhos e mais uma pessoa sair do Norte para o Sul, conseguir estabelecer um ministério e o respeito das pessoas. Mas o processo é que nos torna improváveis, porém resistentes; o processo de suportar. Você precisa suportar o processo, para que ele torne você resistente, resiliente, para que você não desista e não pense em voltar atrás, não pense em retroceder e continue avançando e conquistando, como está dito em Hebreus 10:38-39.

2009 foi o ano em que o Pai me abriu as fronteiras para as nações. Fui para Portugal e para a Itália. Foi um tempo de muito crescimento ministerial, no qual eu pude ver o amor de Deus pelas nações, pude amar a Itália, amar o povo português, o povo que precisa tanto do Senhor. Ali, o Senhor restaurou muitas famílias, restaurou casamentos, restaurou ministérios, inclusive pessoas que pensavam em suicídio. O Senhor libertou, curou, cura da alma, e mais tantas obras lindas Ele fez nessas duas nações no ano de 2009. E eu pude ver na minha vida pessoal as promessas de Deus se cumprindo para mim. Enfim, foi um ano muito especial, quando as fronteiras das nações se abriram, houve muito crescimento ministerial na minha vida e eu pude viver as promessas de Deus.

O ano de 2012 foi o ano que marcou minha vida. Nesse ano, o Senhor me levou outra vez a Belém, só que, dessa vez, para realizar a nossa Escola de Treinamento Apostólico-Profético. Até hoje continuamos trabalhando nessa escola em todo o Brasil. Esse ano foi o ano em que minha mãe faleceu, um ano em que muitos desafios se colocaram diante de mim, desafios pessoais, familiares, financeiros e ministeriais. Eu tinha que ficar de dia no hospital com ela, com uma palavra dos médicos de que ela não iria durar muito tempo; e, à noite, na escola, administrando a instituição como diretora, recebendo os ministros que iam ensinar. A escola começou em abril e, em maio, minha mãe partiu. Os desafios sempre estão diante de nós, porém nós temos que vencê-los.

A minha vida sempre foi marcada por muitos desafios, porém nós temos que vencer áreas emocionais, feridas, temos que superar as dificuldades, pois os tempos difíceis vêm para trabalhar o nosso caráter, para nos aperfeiçoar, nos alinhar. Todo processo vem para nos construir, e não para nos destruir. Temos que ser resilientes. Afinal, somos improváveis, mas resistentes, porque entendemos o processo que estamos vivendo.

Compreendemos que esse processo não é para nossa destruição, porém tudo o que restou de nós, da nossa história, das marcas que nós carregamos. Ele serve para desenvolver em nós um caráter semelhante ao do Senhor, por isso há homens na Bíblia que são exemplos para nós, inspirações, como José, Davi, Isaac, Abraão, Jacó, que são homens que nos inspiram, assim como mulheres também que nos inspiram a fazer uma construção correta da forma como o Senhor nos preparou.

Na verdade, os próprios desafios de fé nos tornam resistentes, os próprios processos pelos quais passamos nos tornam resistentes, nos dão uma esperança. Quando nós vivemos as promessas cumpridas do Pai, nosso espírito e nossa alma se enchem de esperança e nós pensamos que Ele vai fazer tudo de novo.

E, a cada processo vencido, a cada desafio superado, a cada palavra cumprida, a cada desejo realizado, nós vamos subindo, vamos crescendo, vamos evoluindo como pessoas, como cristãos, como seres humanos, como homens e mulheres de Deus e vamos sendo transformados segundo a Sua imagem, a Sua semelhança, e isso aumenta a nossa fé para conquistas maiores para o reino de nosso Pai.

Eu era uma improvável, mas resisti e continuo resistindo.

"Pela fé, você move todas as coisas; pela fé, você pode saltar as muralhas; pela fé, você pode vencer suas dificuldades."

Nelma Aragon

REALIZE

Bpa. Olívia Jacob

Sou a Olívia Jacob, natural de Osasco/SP, e resido em Barueri/SP com a minha filha Vitória Jacob.

Sou bispa presidente da Igreja Evangélica Pentecostal (IEP) Resgatando Almas e Fazendo Discípulos, a qual dirijo há dez anos, e formada como ministra da palavra na escola Rhema.

Também sou corretora de imóveis, conhecida pelo codinome Gemima. Atuo hoje no mercado imobiliário na empresa Lopes, a maior imobiliária da América Latina, como gerente de equipe e coordenadora de lançamento.

A minha história se inicia no dia do meu nascimento. Aos 3 meses de vida, fui adotada pela dona Anita Jacob e o senhor Alípio Evaristo e, aos 32, comecei a dirigir a igreja, o que foi meu maior desafio, e provei o quanto é possível mudar vidas por meio da palavra e ver a evolução de cada uma que Deus colocou e ainda vai colocar em meu caminho.

oliviapalavra

+55 (11) 94923-0303

oliviapalavra

olivia.palavra@gmail.com

Improváveis + Resistentes

21 OS CÉUS NOS ASSISTEM

Por Bpa. Olívia Jacob

No dia 3 de setembro de 1980 se inicia minha história de vida, de uma bebê fraca, que não tinha muita possibilidade de vida. Eu ia receber o nome de Débora, mas, quando meu pai me foi registrar, ele esqueceu meu nome, só lembrou o quanto era magrinha e me chamou de Olívia. É isso mesmo. Quem não lembra da famosa Olívia Palito?

Fui criada pela dona Anita, serva de Deus, de quem eu não me lembro andando, e sim em cima de uma cama ou na cadeira de rodas. Ela foi acometida por vários derrames, e Deus a levou quando eu tinha 17 anos de idade. Meu pai partiu quando eu tinha uns 7 anos de idade, por isso não tenho muitas lembranças dele, apenas as histórias que os meus irmãos contam. Isso mesmo, sou a caçula de oito irmãos: João, Ananias, Davi, Elias, Jeremias, Noêmia e Miriam. Observe que são todos nomes bíblicos, só faltou a Débora. Mas a Olívia, uma improvável, mas resistente, já começa pelo meu nome, que é derivado de oliveira, e nós sabemos que o azeite é feito a partir do seu fruto.

Após a morte da minha mãe, a minha vida perdeu o sentido. Aquela menina que dava um trabalhão, conhecida como diabo loiro, *pit bull* – é isso mesmo, quando minha mãe não me deixava sair, eu fugia, pulava a janela e caía no mundo –, hoje fala para todos os filhos que conhece: "Obedeça seus pais, ouça seus conselhos, pois hoje eu só queria ouvir a voz da minha mãe, que dava muitos conselhos e, quando eu chegava de madrugada, estava orando.

Um dia, a teimosia ficou marcada na minha vida. Foi no dia do aniversário do meu sobrinho Odair, ao qual a minha mãe não queria que eu fosse, mas eu fui mesmo assim e um rapaz olhou para meu irmão e disse:

— Você é policial!

E começou a atirar com medo dele. Meu irmão levou cinco tiros à queima-roupa, eu levei um tiro no pé e mais quinze pessoas foram feridas, pois o atirador perdeu o controle da arma.

Aos 21 anos, estava eu, sendo batizada nas águas do santo batismo pelo meu pastor Isaías Basílio e sua esposa, a pastora Célia, na Assembleia de Deus Primitiva do Amor, na filial aqui em São Paulo, cuja sede é no Rio de Janeiro, do ministério no qual aprendi muito e tive a oportunidade de ser ungida bispa no congresso na sede do Rio de Janeiro pelos mesmos pastores.

Na idade de 23 anos, eu tive a minha filha Vitória Jacob, que hoje já tem 20 anos, é meu orgulho, trabalha, faz faculdade e tem sido minha melhor amiga.

No ano de 2012, comecei a dirigir uma igreja, e foi o meu maior desafio, pois eu tinha quer ter um alimento diário, sabedoria e direção de Deus para guiar esse povo que ele tinha me confiado.

Como sempre digo nas minhas ministrações, os céus nos assistem, e quando lembro disso, eu sei que não estou só e, por isso, vigio minhas atitudes e meus pensamentos, pois sei que aquilo que o homem não vê e nem ouve o Pai que nos vê e ouve em secreto — Esse mesmo! — recompensará publicamente.

Aquele que me viu lá no dia do meu nascimento e me livrou da morte me deu uma família, um ministério. Eu sou quem não tinha nenhuma condição de estar na posição em que estou hoje, se não fosse os Céus me assistindo, me livrando, me guiando e me ajudando a cumprir meu propósito nesta terra.

É preciso entender que nada é por caso. Aquele nos assiste coloca pessoas em nosso caminho para cumprir esse propósito. Fui convidada para estudar no Centro de Treinamento Bíblico Rhema, em Pinheiros, São Paulo. Foram dois anos sem condições nem para ir e vir. Muitas vezes, eu não tinha o dinheiro da mensalidade e, por conta disso, tentei desistir, mas os Céus prepararam carona, já chegaram a pagar mensalidades minhas atrasadas, que até hoje eu não sei quem foi ou quantos foram, mas tenho certeza de que cada um foi recompensado por tudo aquilo que plantou em minha vida.

Enfim, chegou a prova final e tive que ministrar na frente de todos os alunos e todos os professores que foram responsáveis por dar a nota final, então tinha que falar bem, estar bem vestida e conseguir transmitir a mensagem com começo, meio e fim, no tempo que foi determinado. Para minha surpresa, tirei nota 10 e, agora, sou formada como ministra da palavra.

Hoje, eu vejo, vivo e celebro a cada conquista. Perdi a contas de em quantas pessoas desci as águas do santo batismo, quantos casamentos foram realizados e, de verdade, com o que mais fico maravilhada nesse mistério que foi me confiado é que não existe nenhuma pessoa que eu tenha encontrado sem expectativa de mudança, que hoje não esteja em outro patamar de maturidade e espiritualidade.

Os Céus levantaram aquela que era improvável e a tornaram resistente para hoje estar aqui e dizer para vocês que eu tinha tudo para dar errado, mas, como sou assistida e direcionada, Deus me livrou da morte várias vezes. Há quem diga que eu dou trabalho para os anjos, porque fui atropelada por um ônibus e não quebrei sequer um osso, sofri um acidente de carro que deu perda total, fui parar na UTI, mas estou aqui para glorificar a Deus.

Vou lhe contar mais, agora sobre minha área profissional. Sou cabeleira formada e tinha salão de beleza. Estava tudo indo bem e era minha única fonte de renda. Porém, no ano de 2020, Deus colocou em meu coração que eu tinha que fechar o salão. No momento, eu não entendi, mas fechei, algumas coisas coloquei na minha sala e o restante tive que me desfazer. Chorei muito, pois pensava como eu ia me sustentar e manter minha casa pagando aluguel. Foi desesperador. Então veio a pandemia e, junto com ela, o fechamento do comércio. Como Deus é maravilhoso! Já sabia o que ia acontecer mesmo antes de nós termos noção do que sobrevinha e me poupou desse desgaste. Assim, o choro se tornou alegria de saber que Deus cuida de detalhes na minha vida, pois os Céus nos assistem, e nós sabemos muito bem o que cada um passou nesse período muito triste e assustador para muitos.

O medo foi algo que tomou de conta de muitas pessoas na terra, e na igreja não foi diferente, porque começou aquele zum-zum-zum de fechar as igrejas.

Mas Deus me deu uma palavra e a direção de como fazer no tempo de crise e medo. Mandei uma mensagem para ovelhas do grupo da igreja e disse assim: "Deus falou comigo e me deu uma palavra de que vamos continuar a congregar, mesmo em meio a toda a má notícia. A orientação foi a seguinte: 'Fecha a porta da igreja, afasta as cadeiras e desliga o som.' O culto vai acontecer dessa maneira." Eu disse que respeitava a decisão de todos, mas que a pastora deles estaria todos os dias, no mesmo horário, fazendo o culto. Ainda que fosse sozinha, Eu estaria prestando culto a Ele. E assim aconteceu. Liberei a palavra que o Senhor me deu e foi um tempo de cuidado. Como eu disse, não estava trabalhando, porém foi o tempo de milagre: o aluguel da igreja foi pago, não perdi nenhum membro que acreditou e foi congregar, pelo contrário, viveram milagres, portas de emprego foram abertas. Deus fez coisas sobrenaturais, e comigo não foi diferente. Ele mandava pessoas à minha porta com o valor exato do meu aluguel, com compras, mistura, e passamos a pandemia toda glorificando o nome do Senhor, longe das más notícias e focando nos Céus.

Fui criticada, me chamaram de irresponsável, mas eu posso dizer com todas as palavras a grande obra que Deus fez na minha vida e das ovelhas que Ele me confiou.

Antes de eu fechar o salão, a minha cunhada Graça tinha me apresentado a imobiliária Lopes, dizendo o quanto eu ia me dar bem, pois ela achou que era o meu perfil. Fui alguns dias para conhecer como era rotina e, como era trabalho, fiquei sondando mais. Depois que fechei o salão, peguei firme na área, como corretora de imóveis.

Em 2021, tomei a decisão de tirar o Creci e entrar efetivamente na área. Fiquei pouco tempo como corretora. Deus trabalha de maneira que não temos como explicar. O meu gerente, Farias, recebeu o convite de assumir a diretoria da unidade de Alphaville e, com isso, ele sentiu no coração, como servo de Deus, subir a gerente aqueles que eram de sua confiança e ele via competência em mim para isso, então eu fui promovida e, de repente, me surgiu a oportunidade, que não rejeitei, mesmo não sabendo como ia conseguir montar uma equipe. Contudo, para a glória de Deus, eu comecei com uma equipe no *on-line* e não é o que deu certo! Mas, como sabemos que Deus sempre tem mais, meu diretor precisava de alguém para a coordenação de um lançamento em Franco da Rocha, me chamou para uma conversa e me lançou a proposta. Foi desafiador, pois, como eu ia participar de reuniões com um incorporador, ter ideias estratégias e bater metas, e era um cargo muito difícil para a minha inexperiência. Contudo, como os Céus nos assistem, preparam tudo e todos e unem pessoas para um propósito maior, o Farias, diretor da empresa, junto com sua esposa, começam a investir em mim. Sim, uma improvável agora é treinada sobre como falar e se vestir. Louvado seja Deus! Hoje, já estou coordenando meu terceiro lançamento. Para a glória de Deus!

Hoje, aos 44 anos, bispa presidente da IEP Resgatando Almas e Fazendo Discípulos, e ministra da palavra, realizo meu propósito ministerial e, na minha área profissional, tenho um nome, posição e respeito de verdade. Realizo o sonho de muitos, que é a conquista da casa própria. Tenho uma equipe de sucesso, a qual treino e preparo para o mercado imobiliário, além de coordenar lançamentos, posso agregar à empresa Lopes e aos incorporadores com todo o meu conhecimento, obter, assim, o sucesso para todos envolvidos.

Enfim, este capítulo é apenas 1% daquilo que vi em vivi com Deus, fora os testemunhos de milagre, cura de câncer, cego que volta a ver. E esta que vos fala é literalmente uma improvável, mas, com certeza, uma mulher de Deus resistente e que está agregando nas vidas de muitos. Agora tenho a oportunidade de agregar na sua.

Nunca esqueça: os Céus nos assistem.

Atenciosamente,

Bispa Olívia Jacob.

"Como sempre digo nas minhas ministrações, os Céus nos assistem. Quando lembro disso, eu sei que não estou só."

Bpa. Olívia Jacob

Patrícia Ribeiro

Sou Patrícia Ribeiro, natural de Três Marias/MG. Resido em Paracatu/MG há 24 anos. Tenho uma família linda: sou casada com o Adson, e sou mãe da Déborah e do Francisco.

Eu me formei em Enfermagem, porém, em 2021, parei de atuar como enfermeira, para voltar para dentro da minha casa e cuidar do que Deus me deu de mais precioso: minha família.

Convido você a ler o meu testemunho, pois, por meio dele, entenderá que a oração tem muito poder. Sou resposta de orações, e foi através delas que consegui me posicionar no caminho do Senhor. É nesse caminho que descobrimos qual é a nossa identidade em Cristo e qual é o nosso destino profético.

Hoje, sei que sou filha amada do Pai, que faço parte da realeza e que fui levantada como Débora, profeta, guerreira à frente de uma batalha para libertar uma geração.

patriciaribbeiro

Patrícia Gonçales

patriciaribbeiro

Improváveis + Resistentes

22 IMPROVÁVEL, MAS FILHA AMADA DO PAI

Por Patrícia Ribeiro

Shalom, shalom!

É com gratidão ao Senhor que conto um pouco do que Deus tem feito em minha vida. Sou testemunho vivo da graça e misericórdia do Senhor.

A menina improvável tem nome: Patrícia Ribeiro. Ao completar 4 anos, fiquei órfã de mãe e fui morar em Vazante/MG com meus avós maternos. Na adolescência, mudei várias vezes de casa e de cidade.

Fui uma criança rebelde, rejeitada, ferida, com muitos traumas e cheia de problemas. Na adolescência, meus problemas só se intensificaram: ninguém me entendia, nem eu mesmo sabia o que queria e quem era.

Aos 23 anos, depois de muitos erros e totalmente distante de uma vida com Jesus, me casei pela segunda vez. Sou apaixonada por meu esposo, minha filha e meu filho. Construir uma família sempre foi o meu maior sonho.

Após um ano do nascimento da minha filha, passei por uma semana que marcou muito a minha trajetória. Um tio faleceu e, no seu velório, a minha avó me disse:

— Minha filha, está na hora de você andar com Jesus.

E a minha resposta foi:

— Vó, amo a senhora, mas a senhora sabe que, se tem uma coisa de que não gosto, é de crente. Só estou aqui hoje, porque é o velório do tio. Não voltarei aqui novamente. Dois dias depois, fui obrigada a voltar à mesma igreja, pois estava acontecendo o velório da minha avozinha.

Aos 45 anos, eu aceitei Jesus, por meio da minha tia, que se converteu após a morte da minha avó. Comecei a congregar na Igreja Batista Independente de Paracatu, por causa do testemunho de vida de uma grande amiga que exala o bom perfume de Cristo.

Após a minha conversão, comecei a viver um processo de cura e libertação, pois eu não sabia quem era e o que queria. Durante esse tempo, acabei me desviando dos caminhos do Senhor, ia pouco à igreja, mas continuava em contato com o grupo do círculo de oração.

Desde a minha infância, eu tinha pensamentos suicidas, pois a rejeição tomava conta do meu ser. Era uma dor que me consumia.

Sempre fui muito comunicativa e alegre. Esse era o meu meio de esconder as feridas profundas que dilaceram a minha alma. Cheguei a tomar cinco tipos de antidepressivos, que não me ajudavam quase nada. Chegou um dia em que eu não estava mais aguentando a dor na alma, e a saída que enxergava era pular do 12º andar do prédio em que minha filha morava. Era como uma voz que dizia ao meu ouvido: "pula, pula". Nesse dia de desespero, mandei uma mensagem para o grupo que orava por mim e imediatamente a intercessão começou. Lembro que meu esposo pegou o meu óleo de unção, ajoelhou, me ungiu e orou o Pai Nosso, minha filha começou a ler a Bíblia e meu filho ficou sem reação, assustado com toda a situação, enquanto eu estava prostrada na cama. Dois dias depois, fui para a Estância Paraíso. Na primeira noite, a pastora Ezenete disse:

— Se você está aqui, é porque Deus lhe trouxe. Você é filha amada do pai e, a partir de hoje, terá um encontro sobrenatural com Ele. Este dia já estava marcado.

Ela nos deu um tempo para orar. Então, deitei no chão e, em meio das lágrimas, disse:

— Deus, já tentei de tudo. Não aguento mais. O Senhor é a minha última opção. Quero conhecer esse Deus que me foi apresentado hoje. Não quero sair daqui sem a presença do Senhor. Quero ouvir o Espírito Santo como ela disse que ouvimos. Eu Lhe peço perdão por tudo o que já fiz e que desagradou o Seu coração. Pode acabar de me quebrar e, por favor, faça de mim um vaso novo para servi-Lo.

Bom, para a minha surpresa, ao acordar no dia seguinte, quando subia para a ilha, parei embaixo de um pé de jambo e o Espírito Santo começou a falar comigo e nunca mais parou. Glórias a Deus por essa graça!

Não há como descrever o que senti. Desde aquele dia, tenho vivido o sobrenatural de Deus em minha vida. E sabe por quê? Porque, na palavra de Deus, em Salmos 34:15, está dito: "Os olhos do Senhor estão sobre os justos, e os seus ouvidos atentos ao seu clamor."

A minha avó orou pela minha conversão durante 26 anos. Depois que ela faleceu, a minha tia, que era a resposta da oração da minha avó, orou por minha conversão por mais catorze anos. Há oito anos, o círculo de oração de que participo nunca deixou de orar por mim. Entenda, Deus sempre responde a oração de um justo.

Sabia que você também é resposta de oração? Sabia que, em algum lugar deste mundo, existe alguém orando pela sua conversão? Sabia que a sua chegada até o meu testemunho é reposta das nossas orações?

A você aí que se sente como um dia me senti, que se enxerga como improvável, quero dizer que é filha amada do Pai, escolhida para fazer parte da realeza, pois é filha do Rei dos Reis, faz parte da linhagem real. Já pensou nisso? Em Salmos 139:13 diz-se: "Tu formaste o meu interior, tu me teceste no seio de minha mãe." O Senhor a fez única, Ele formou você dentro do ventre da sua mãe. O que para muitos é improvável, para Deus é escolhida.

Há três anos, eu tenho vivido uma vida de total entrega e obediência a Deus, tenho aprendido a importância de estar no secreto com o Pai e de fazer parte do Corpo de Cristo.

Hoje, vejo Deus em tudo e por meio de tudo. Como é maravilhoso escutar o Espírito Santo! Permita-se, não guarde Deus na caixinha. Ele fala o tempo todo e de diversas maneiras. Basta você silenciar para ouvi-Lo. E, quando ouvi-Lo, nunca mais será a mesma pessoa. Está na hora de você pedir para Jesus ativar os seus sentidos espirituais. Você sabia que quem nasce de forma sobrenatural não consegue mais viver somente no natural? Entenda, somos templo do Espírito Santo.

Não vou te falar que viver uma vida com Deus irá blindar você de todos os problemas, mas lhe dou a certeza de que os enfrentará de uma forma diferente. Tenho enfrentado momentos desafiadores, dentre eles, a morte da minha querida tia, do meu pai e meu sogro que morava comigo.

Às vezes, eu me pegava pensando como teria sido esse turbilhão de acontecimento sem ter Jesus ao meu lado. E sabe a conclusão a que cheguei? Eu jamais teria conseguido me manter de pé.

Hoje, entendo que a resposta que tanto procurava para minha vida estava mais perto de mim do que imaginava. Jesus sempre será a resposta para a nossa vida e Ele sempre nos transformará para sermos resposta para a vida dos que cruzam o nosso caminho.

No início da minha caminhada com Cristo, o Espírito Santo me disse:

— Transforme-se como uma borboleta, seja como uma abelha e tenha o equilíbrio de uma libélula.

Naquele momento, entendi que a transformação seria doída e longe das pessoas, somente Jesus e eu, no secreto, e que após a transformação eu deveria começar a polinizar o nome do Senhor, mantendo sempre o equilíbrio.

Depois de um tempo, fui atendida pela pastora Vera e, ao chegar ao local, a secretária me disse que era para me sentar no altar. Ao me sentar lá, falei para o Espírito Santo:

— Não estou entendendo nada. O Senhor me disse que era para eu ser como abelha. A abelha vai de florzinha em florzinha, e eu estou falando de Jesus por onde estou passando, estou polinizando o nome dEle, então por que me colocou no altar?

— Filha, você é abelha rainha. Está preparada para direcionar mulheres — ele me respondeu.

Lembro que chorei muito. Logo, a pastora chegou, e eu perguntei por que eu tinha sido atendida no altar.

Ela disse:

— Foi ordem do Senhor, Patrícia. Hoje o véu foi rasgado.

Fui para casa impactada. Ao chegar lá, fui preparar o jantar e, de repente, o Espírito Santo começou a me dizer:

— Filha, você é uma Débora. Seu nome é Débora. Uma Débora gera uma Débora, que gera outra Débora. Uma abelha gera uma abelha, que gera outra. Filha, Débora significa "abelha". Vá aos seus vídeos e olhe a arte.

Ao olhar, comecei a chorar novamente, pois tinha pedido para o Luan colocar na minha arte uma abelha. Quando a arte veio, eu amei, achei linda, porém não tinha entendido que o que ele me entregou foi uma arte que veio do céu.

E, para você que não sabe, minha mãe se chamava Débora e, a pedido da minha avó, minha filha se chama Déborah.

Mas não para por aí, Deus me levou para o Famintos por Deus e para o Silc. Nesses dois encontros, fui ativada de uma maneira que nunca imaginei. Lá o Espírito Santo me disse coisas maravilhosas, que eu, como improvável, jamais imaginei escutar.

Já há um tempo, o Senhor me mandava colocar em prática um projeto que estava escrito, e eu comecei a orar incansavelmente perguntando a Ele onde estava esse projeto.

Sabe o que aconteceu? Fui chamada ao vivo em uma live, na qual o Senhor me entregou muita coisa, inclusive o contato de uma pessoa que me ligaria.

A pessoa me ligou e disse:

— Pegue papel e caneta. Deus está mandando lhe entregar um projeto que está escrito desde o ventre da sua mãe.

Naquele dia, me foi entregue, em formato de projeto, tudo o que o Espírito Santo já vinha me falando. Você está entendendo que, no tempo de Deus, somos encontradas?

Deus tem levantado mulheres improváveis, mas resistentes para um novo tempo. São mulheres que têm aceito a sua identidade de filhas amadas e têm se posicionado em seu destino profético. Ele está unindo-as para o cumprimento do Seu propósito.

Quero lhe falar que Deus pode mudar a sua história, como tem mudado a minha. Você pode viver o sobrenatural de Deus, pois, em Mateus 7: 7, está dito: "Peçam, e será dado; busquem, e encontrarão; batam, e a porta será aberta."

Hoje, você só está lendo este testemunho, porque um dia me posicionei. Agora é a hora de você se posicionar, pois, se chegou até aqui, é porque Ele lhe trouxe.

Na Bíblia, conta-se que Débora foi uma juíza, profeta e esteve à frente de uma batalha para libertar a sua nação.

Como eu, você também é abelha rainha, é uma Débora!

Deus tem convocado as suas Déboras. E a ordem do Senhor é: "Chegou a hora de despertar! Desperte, Débora! Você é a voz profética da sua geração. Então, abra a sua boca e guarde a sua língua. Profetize!".

E aí? Você aceita fazer parte desse exército de Déboras?

Não tenha medo, pois Jesus é o nosso general.

Em Josué 1:9, fala-se: "Não fui eu que lhe ordenei? Seja forte e corajosa! Não se apavore, nem se desanime, pois o Senhor, o seu Deus, estará com você por onde você andar".

Pense nisso.

Fique com Deus.

Deus lhe abençoe.

"Chegou a hora de despertar. Desperte, Débora! Você é a voz profética da sua geração. Então, abra a sua boca e guarde a sua língua. Profetize!"

Patrícia Ribeiro

Sandra Fidélis

Sou Sandra Fidélis, nasci em Barra Mansa/RJ, onde moro com minha família. Meu esposo é Edney Perganin. Somos casados há 23 anos e temos uma filha: Milla Fidélis.

Sou pastora metodista, formada em Administração de Empresas pela Universidade de Barra Mansa (UBM) e em Teologia pela Universidade Metodista de São Paulo (UMESP). Por 12 anos, trabalhei numa empresa multinacional na área de Administração e, há 18 anos, pastoreio na Igreja Metodista de Vila Maria, dedicando-me ao cuidado e discipulado de pessoas por meio da Palavra, para promover crescimento e maturidade.

Há 6 anos, sou superintendente distrital da Igreja Metodista em Barra Mansa/RJ. Minha trajetória é marcada por superar desafios, convicta de que é possível transformar vidas por meio da prática da Palavra de Deus.

pastorasandrafidelis

+55 (24) 99955-9289

Pastora Sandra Fidélis

Pastora Sandra Fidélis

pastora.sandrafidelis@yahoo.com.br

Improváveis + Resistentes

23 COMO UM CARVALHO RESISTENTE

Por Sandra Fidélis

"...A fim de que se chamem carvalhos de justiça..." (Isaías 61:3)

Inicio a narrativa direcionando meu olhar para uma majestosa e milenar presença vegetal: carvalho, árvore magnífica, capaz de estender sua existência por um período de quinhentos a mil anos, muitas vezes, destacando-se como anciã da floresta. O tronco do carvalho adquire rugas, que testemunham sua jornada de desafios. A árvore revela-se como símbolo marcante de resistência surpreendente, que, durante os invernos, mantém suas folhas desafiando a estação fria. Esse atributo singular, a resistência, inerente ao carvalho, é uma qualidade que transcende suas adversidades.

Fomos moldados por Deus para incorporar essa mesma resistência. Somos chamados a enfrentar os invernos de nossas vidas, compreendendo que são fases temporárias. A crença inabalável em que esses períodos passarão, deixando-nos ainda mais fortalecidos, enriquecidos, com aprendizados e conquistas, reflete a essência de nossa existência. As experiências advindas dos invernos que atravessamos ao longo da vida tornam-se os despojos que nos impulsionam a crescer e amadurecer, mesmo que carreguemos cicatrizes desses embates, tal qual o carvalho, que, com o passar do tempo, fica enrugado.

Enfrentaremos desafios, sofrimentos e obstáculos, mas vale lembrar que fomos criados por Deus assim como os carvalhos, destinados à resistência independentemente das circunstâncias adversas. A decisão de contribuir com o melhor que temos para o mundo equiparo à nobreza dessa árvore, que, independentemente da estação do ano, projeta sombra e exala perfume pela floresta. Como carvalhos de Deus, somos o bom perfume de Cristo, exalando uma fragrância suave por onde caminhamos.

O princípio fundamental da generosidade citado na Palavra ecoa em nossos corações: "É melhor dar do que receber" (Atos 20:35). Não é o que acumulamos ou recebemos, mas, sim, o que oferecemos ao próximo que tem poder para nos transformar. Esse é um princípio divino: generosidade, força motriz de uma vida relevante.

Aprofundando sobre os carvalhos, em tempos remotos, muitos medicamentos eram derivados da seiva e das folhas dessas imponentes árvores. A mensagem inspiradora que essa árvore milenar e resiliente compartilha conosco é que podemos resistir ao tempo e às estações mais árduas da vida sem perder beleza e frutificação. Esta introdução sobre o carvalho serve como um elo intencional para nossa narrativa.

"O justo é como árvore plantada junto à corrente de águas, que no devido tempo dá o seu fruto" (Salmo 1:3). Assim inicio minha história de vida, nascida de pais improváveis, João Batista e Eva, cujos caráteres sólidos e forjados transmitiram princípios que carregarei para sempre. Casados por mais de 45 anos, são exemplos de matrimônio e servos do Senhor.

Minha jornada teve início num barraco de madeira em Vila Coringa, bairro periférico de Barra Mansa, no Rio de Janeiro. Enfrentando adversidades e necessidades, meus pais, sempre incansáveis em seu amor, superaram dificuldades. Minha chegada ao mundo foi marcada por enfermidades desafiadoras: sarampo, rubéola e catapora, que deram início à luta pela vida de alguém improvável, mas notavelmente resistente desde o princípio. A resiliência que demonstrava ecoava a força do carvalho, uma árvore que percebo em sintonia com minha trajetória.

Venci batalhas iniciais contra graves enfermidades, enfrentei outras fases com determinação para alcançar o presente, mas posso dizer: "Até aqui nos ajudou o Senhor" (Josué 24:15).

Minha infância foi permeada por simplicidade e escassez, mas repleta de alegria e ausente de traumas maiores, graças à força do convívio familiar e ao valor que atribuímos a cada momento compartilhado.

A você que já tem ou aspira a formar uma família, a mensagem que deixo é: registre os melhores momentos, sorria com frequência, seja o primeiro a pedir perdão, demonstre afeto prontamente e cultive bons ambientes. Em meio à minha história, recordo de um versículo pertinente: "Quero trazer à memória o que me pode dar esperança" (Lamentações 3:21). A responsabilidade de criar registros de memórias positivas nas vidas que tocamos é nossa.

Adentrando mais em minha narrativa, sou a primogênita e tenho dois irmãos. Em uma era de famílias cada vez mais reduzidas, os encorajo a considerar a bênção de ter filhos(as). A convivência fraternal com meus irmãos foi crucial para moldar a pessoa que sou hoje, fortalecendo um relacionamento saudável, repleto de respeito e honroso.

Quando eu tinha 10 anos de idade, meus pais entregaram suas vidas a Jesus. Foi um marco crucial, que transformou completamente nossa família. Desde então, eu e minha família começamos a servir a Deus e nos tornamos membros da Igreja Metodista em Siderlândia, na cidade de Barra Mansa. Lá vivenciei minhas primeiras experiências com Deus, recebi uma profecia de que um dia iria pastorear o rebanho do Senhor, mesmo sendo ainda muito jovem. Aos 12 anos recebi um convite para pregar num culto de terça-feira, o que me pegou de surpresa. O púlpito, naquela época, era maior do que eu. Desde então, tenho compartilhado a Palavra onde sou convidada e, é claro, na igreja que tenho o privilégio de pastorear.

Essa fase de transição da infância para a adolescência foi um período de crescimento intenso. Enquanto meus(minhas) amigos(as) brincavam e se divertiam, eu me dedicava à leitura de livros e Bíblias de estudo, mergulhando num tempo rico e proveitoso em que Deus me estruturava por meio de Sua Palavra. Deixo aqui um versículo significativo: "Não despreze o dia dos humildes começos" (Zacarias 4:10). Deus estava me forjando e adestrando em Sua Poderosa Palavra desde tenra idade, preparando-me para manuseá-la.

Na juventude, aos 17 anos, o desafio era ingressar na universidade, fato improvável, pois não tinha recursos para custeá-la. Trabalhava numa perfumaria, mas sentia o desejo de continuar os estudos. No último dia de inscrição para o vestibular, tomei impulso e, com fé, me inscrevi. Enfrentei obstáculos burocráticos, que foram superados com a autorização de meus pais, pois era menor de idade. Nesse ínterim, fui surpreendida com minha demissão, que tornou mais difícil a jornada.

Estudando muito e confiando em Deus, passei no vestibular, preocupada em como seriam pagas as mensalidades. Ao orar e buscar orientação divina, surgiu a ideia de ir morar com uma tia que residia próximo à faculdade, para economizar com despesas de transporte. Agradecida pela generosidade dela, precisava ainda encontrar maneiras de pagar a faculdade. Iniciei a venda de sanduíches naturais durante o dia no comércio e para colegas de faculdade. Deus abriu uma porta. Nesse tempo, comecei a vender doces de uma irmã da igreja e transformei essa atividade em uma fonte de renda. O pagamento das mensalidades tornou-se menos preocupante e pude contribuir financeiramente com minha família.

Essa jornada improvável representou a superação de barreiras sociais para cumprir o propósito de Deus em minha vida. Anos se passaram, e tornei-me segura e empoderada, alimentada pela leitura da Palavra e de bons livros.

Compartilhar minha história de vida, repleta de desafios, aprendizados e conquistas, evidencia a extraordinária capacidade de superação. Nessa trajetória, fiz o curso de Administração de Empresas e, no segundo ano, iniciei um estágio numa multinacional. Depois dessa experiência de estágio, fui efetivada na empresa, onde trabalhei por 12 anos.

A decisão de deixar essa carreira sólida foi por um propósito maior: dedicar-me ao cuidado da minha filha e assumir de forma integral o pastoreio da Igreja Metodista em Vila Maria, que, com paixão e dedicação, pastoreei por aproximadamente 18 anos. Concluí a faculdade de Administração aos 21 anos e abri um novo capítulo minha vida: unir minha vida à de Edney, meu esposo, um encontro que fortaleceu meus sonhos e desejo fervoroso de servir ao Senhor no ministério pastoral.

Aos 22 anos, iniciei uma jornada teológica desafiadora, equilibrando trabalho diurno, afazeres domésticos e estudos noturnos. O curso a distância exigia autodisciplina. A recompensa foi a capacitação para o ministério pastoral na Igreja do Senhor. Vivenciei a afirmação de Jesus: "No mundo tereis aflições" (João 16:33), mas essas adversidades se revelavam como terreno fértil para aprendizado e crescimento.

O privilégio de iniciar uma igreja metodista em Vila Maria foi desafiador, mas as quase duas décadas dedicadas ao cuidado e ao serviço ao próximo foram recompensadoras, como o florescer de um carvalho que cria raízes firmes. Cada ovelha que pastoreei tornou-se parte de uma experiência transformadora, forjada e moldada por Deus.

Em meio aos desafios, compreendi que o método de Deus são pessoas. Essa verdade nos assegura que cada um(a) é amado(a) por Deus de maneira incondicional. Somos chamados a amar e servir, espelhando o amor que o Senhor derramou em nossos corações. Essa compreensão nos torna pessoas seguras e confiantes, capazes de enfrentar qualquer jornada.

A experiência de compreender I Coríntios 13, antes fonte de frustração, transformou-se na revelação do amor de Deus. Decidi amar na medida dEle, suavizando o fardo, como o de Jesus. Ao dedicar minha vida ao cuidado das pessoas, o Senhor confiou-me um novo desafio: pastorear a Igreja Metodista Central da cidade onde nasci. Consciente de que Deus é quem designa pastores(as) ao Seu rebanho, assumo essa responsabilidade na dependência dEle, conduzindo a noiva amada pelo noivo, Jesus.

Agora que concluímos esta jornada, convido você a abraçar a resistência que compartilhei do carvalho. Como as rugas no tronco testemunham sua jornada, nossas cicatrizes refletem a resiliência que nos impulsiona para crescer e amadurecer. Lembre-se de que fomos criados como carvalhos de Deus, destinados à resistência, independentemente das adversidades. A generosidade, força motriz de uma vida relevante, transforma nossas experiências em dádivas para o mundo.

Que esta leitura inspire você a abraçar seus sonhos, a amar com a magnitude do amor divino e a encontrar força na dependência de Deus. Sua história é única e repleta de potencial, aguardando ser escrita com ousadia e fé. Avance, pois o melhor está por vir!

"A responsabilidade de criar registros de memórias positivas nas vidas que tocamos é nossa."

Sandra Fidélis

Silvia Regina Rodrigues

Sou nascida em Campinas/SP e casada há 45 anos com o pastor Rubens Rodrigues. Temos dois filhos, Pablo Raphael e Diego Henrique, as noras, Yvette e aline, e cinco netos.

Com o ministério interdenominacional desde 1991, produzi e apresentei o programa No Divã com Deus por 6 anos na TV, em Recife. Reverenda, realizo palestras pelo Brasil e em outros países, coordeno a Educação Teológica no Distrito NE Central desde 1996 e, em 2019, assumi a coordenação do Ministério às Mulheres Nazarenas do Brasil e do Departamento de Bem-Estar Psicológico de Missões Globais da Região da América do Sul.

Sou graduada em Psicologia Clínica, formada em Psicanálise, pós-graduada em Sexologia, doutoranda na UCES-AR e pós-graduada em Neurociência Aplicada pela UFPE, com especialização em Neuroprocessamento. Também sou supervisora EMDR, certificada pelo Brainspotting Trainings Inc. USA. e criadora do Método Reviver de Cura e Restauração.

silviarcrod

Silvia Regina Rodrigues

Silvia Regina C. Rodrigues

silvia.rodrigues98@gmail.com

https://silviarodriguespsic.com/

Improváveis + Resistentes

24 VIDA DE RESISTÊNCIA E MILAGRES

Por Silvia Regina Rodrigues

Era junho de 1956, um jovem casal que vivia em Campinas, casados há cinco anos aguardavam ardentemente por um filho, então, no dia 18 de junho, veio à luz uma garotinha muito amada pelos pais, companheira das preferências do pai e um lindo projeto de criar uma princesa para a mãe.

Foi uma infância feliz, até o dia em que aconteceu um incidente maligno e traumatizante entre o casal, que mudou completamente o cenário daquele lar. Cessaram os risos, a música e a alegria foram substituídas por discussões, brigas, acusações, vergonha e dor. Iniciou-se uma era de perdas que durou vinte anos. A menina, aos 5 anos de idade, passou a viver em um ambiente disfuncional, com verdades não contadas, que a adoeceram emocionalmente, pois cresceu com muitos medos, vergonha, uma autoimagem distorcida e um autoconceito completamente equivocado de si mesma. Ela estava sempre muito doente fisicamente, e os médicos não descobriam o que lhe causava tanto adoecimento. Aos 12 anos, descobriu algumas saídas que a ajudaram a sustentar sua desordem interior, como a bebida, o cigarro e os psicotrópicos. Também tinha uma defesa poderosa: ela era estudiosa, competitiva e focada em ser a melhor aluna, pois acreditava que estudando poderia ter sua vida mudada. Tudo realmente mudou no dia 15 de abril de 1971, mas foi quando ela tomou sua decisão de seguir Jesus na Igreja do Nazareno Central, de Campinas. A partir daquele dia, não somente sua vida mudou, como de toda sua família, que conheceu Jesus, e o milagre aconteceu. A paz voltou, a alegria, a música, os sonhos e os projetos da família foram restaurados, começaram a experimentar uma nova era, agora a de ganhar almas e compartilhar da transformação que Jesus Cristo fizera com a sua presença, tornando o lar realmente firmado sobre a rocha (Lc 6:48).

Em 1977, ela conheceu um jovem com sangue europeu, um belo rapaz, gentil, mas forte de personalidade e caráter como seu pai, um migrante espanhol que o ensinou a ser inteligente e visionário, que também tinha grandes sonhos para sua vida. Eles se apaixonaram e, quinze meses depois, estavam casados. Os pais da garota, mesmo em meio a todas as lutas, deram a ela uma educação de princesa e a mão poderosa de Deus interveio em sua vida, o amor verdadeiro nasceu entre os dois jovens e os uniu por toda vida.

Logo depois, com apenas seis meses de casados, ficaram grávidos e pensaram como dois jovens inexperientes poderiam cuidar de uma criança que dependeria completamente deles. Mas nunca estiveram sozinhos, Deus estava com eles.

Desde o início da gravidez, ela teve dificuldades. Estavam morando no Rio de Janeiro e fortes dores e sangramentos os levaram para uma emergência de hospital, onde foram atendidos pelo dr. Haroldo Milet, que estava iniciando o trabalho com ultrassonografia, recém-chegada ao Brasil. Fazendo as imagens, ele viu que o feto de 8 semanas estava bem, que a mãe precisava de repouso e seguir com o pré-natal, que tudo ficaria bem. Voltaram para Campinas e, quarenta e duas semanas depois de uma gravidez bastante complicada, um parto difícil que quase interrompeu a vida do bebê. Novamente Deus interveio, e, no dia 19 de maio de 1980, nasceu um lindo garoto. No entanto, vinte dias depois, o bebê foi diagnosticado com meningite bacteriana muito grave. Uma terrível notícia deram aos pais: se ele vencesse aquela noite de intervenções médicas, talvez sobrevivesse, mas a esperança era pouquíssima, pois estava com os sinais vitais muito fracos e só um milagre o salvaria. A jovem passou a madrugada sozinha no estacionamento do hospital, enquanto seu esposo voltava de Belo Horizonte onde estava trabalhando. No frio daquela noite, ela orou e entregou seu filhinho a Deus, porque sabia que Ele poderia fazer um milagre se fosse da Sua vontade, e o reconsagrou a Deus para que o Senhor o usasse como desejasse.

Na manhã seguinte, foram chamados para falar com o médico, e a notícia foi que seu bebê não estava com meningite, mas, sim, com uma infecção generalizada. Os médicos haviam drenado todo o seu sangue e o estavam substituindo por outro na tentativa de salvá-lo. Deus operou o milagre e devolveu o filho aos pais. Deus veio em socorro daqueles pais. O bebê passou um mês fazendo transfusão de sangue e voltou para casa, onde cresceu um menino lindo e forte, consagrado para ser bênção para Deus.

Nove meses se passaram desde o nascimento do garoto e novamente um vendaval soprou sobre aquela família. A jovem mãe teve uma crise com dores terríveis e, durante os exames, descobriram que o seu rim direito estava atrofiado desde o nascimento e o rim esquerdo havia sido sobrecarregado durante a gravidez. Pela deficiência que tinha, ela jamais deveria ter engravidado, mas, para uma mulher resistente, Deus operou o milagre da maternidade. Agora a família enfrentava uma outra provável perda, pois a vida da mãe estava em risco. A princípio, somente um transplante de rim seria a solução, mas não havia essa possibilidade, porque cem pessoas estavam na fila de espera antes dela. Os médicos, dr. Wilson Simas e dr. João Macarini, começaram a acompanhar o caso no Hospital Santo Antonio, um hospital-escola com especialidade em doenças renais. Informaram ao casal que poderia ser feita uma cirurgia para dar mais tempo de vida a ela até ser feito um transplante. Eles explicaram que o rim direito estava atrofiado, tinha o tamanho de um caroço de feijão, havia uma grande dilatação no ureter direito e o rim esquerdo havia sido danificado durante a gravidez, aumentando de tamanho e ficando com um funcionamento muito precário, o que poderia levá-la a óbito a qualquer momento. Explicaram que fariam um transplante no ureter direito e uma correção no rim esquerdo, que a mãe passaria algum tempo no hospital e, tudo correndo bem, voltaria para casa e continuaria o tratamento com a equipe médica. E, assim, na manhã do dia 12 de agosto de 1981, a jovem se ajoelhou e fez um voto a Deus de que, se voltasse com vida, entregaria todo o seu futuro ao serviço do Senhor. Ela havia sido chamada para o ministério aos 17 anos e, até o casamento, vivia integralmente para o serviço na igreja, mas, depois do casamento, o chamado ficou esquecido. Em meio à dor, ela foi lembrada do compromisso que fizera anos atrás.

Havia chegado a hora, e a jovem foi levada para uma sala gelada, com muitas luzes, médicos e um teto de vidro com muitos outros médicos assistindo, um cenário assustador. Começaram os procedimentos, mas algo estava errado, a anestesia não fazia efeito. Uma dose, outra dose, e a jovem se debatia. Finalmente a prenderam na cama e ela logo adormeceu. Depois, foi informada de que foram 9 horas de cirurgia. Mais tarde, acordou na UTI com uma dor insuportável. Estava amarrada na cama, somente com o barulho das máquinas como companhia. Despertando e, ao mesmo tempo, tendo uma sensação de terror, se viu numa caverna escura com pessoas gritando e puxando sua roupa. Elas pareciam pedir socorro, enquanto ela era sugada para fora. Terminou de despertar com gritos de dor e de medo, e foi então que duas pessoas entraram no quarto.

A jovem não pôde distingui-los, uma forte luz os envolvia, mas viu suas roupas brancas e, na sua simplicidade, pensou que eram lanternas na direção do seu rosto. As pessoas se aproximaram uma de cada lado da cama e lhe disseram que estava tudo bem, que estavam ali para ajudá-la e que a dor passaria. Ela sentiu levemente uma mão passar na sua testa, outra na sua mão direita e, em seguida, adormeceu. No dia seguinte, a boa notícia: sairia da UTI. Queria a todo custo agradecer os médicos que tinham ido vê-la na noite anterior, porém não teve sucesso, ninguém havia entrado no quarto, informou a plantonista. Então, ela foi levada para quarto onde ficou 38 dias deitada, imóvel, ligada por sondas a aparelhos, aguardando o resultado da intervenção para que lhe dessem alta.

Finalmente o dia chegou. Ela poderia voltar para casa com muitas recomendações, entre elas, a de não engravidar, pois não poderia suportar outra sobrecarga no rim esquerdo, pois isso colocaria a vida do bebê e da mãe em risco de morte. Pouco tempo depois, o casal se mudou para Recife. Tudo estava indo bem no trabalho, Deus os estava abençoando com prosperidade, até que, em março de 1982, se descobriram grávidos novamente e, desta vez, a grande preocupação era se a mãe e o bebê sobreviveriam. Deus, mais uma vez, agiu e enviou o ginecologista dr. Denis Nóbrega, especialista em pré-natal de gravidez de risco, que a acompanhou, juntamente com o dr. Macarini, de Campinas, e o urologista de Recife, dr. Luiz Numeriano, até o dia 29 de novembro, quando nasceu o segundo filho do casal, com saúde e sem nenhuma sequela. Foi uma gravidez cercada de cuidados, mas, como Deus faz tudo perfeito, o dr. Denis reconheceu o documento que a mãe carregava consigo e tinha conhecido o Dr. Macarini em um congresso em que um transplante do ureter de uma jovem havia sido apresentado. Esse fato foi importante na condução do pré-natal até a preparação da cesariana, pois o menino nasceu prematuro, de 8 meses, e com todas as providências para que não acontecesse o mesmo que com o primeiro filho, que Deus havia salvado milagrosamente.

Em março de 1983, a família voltou para Campinas a pedido do dr. Macarini, a fim de preparar a jovem para a mesma cirurgia de 1981. A gravidez poderia ter comprometido o rim esquerdo. Ao fim do quinto dia de internação, ela voltou ao urologista, que, ao ver os exames, ficou perplexo. Olhando a radiografia, ele lhe informou, mostrando na imagem, que tinha dois rins perfeitos e que não apareciam cicatrizes, nem mesmo no ureter que foi transplantado, assim ela não precisaria mais carregar consigo o documento atestando os procedimentos e a paraplegia congênita que possuía, pois estava completamente curada. Mais um grande milagre de Deus, que seguia no controle da sua vida.

A menina se chama Silvia Regina e é serva de Deus há 52 anos e até a eternidade. Quando você parou de persistir em conquistar seus sonhos e desfrutar das bênçãos do Senhor que nos seguem por meio da obediência? (ver Deut 28:1-15).

Revisite a sua história de vida. Talvez tenha muitas feridas do passado ou carregue muitas cicatrizes, mas tenha uma certeza: as feridas podem ser curadas e as cicatrizes são resultados de vitórias a serem contadas. Assim como eu, com uma vida tão improvável, mas resistente, permeada de milagres de Deus cheguei até aqui, seja forte e constante e sempre abundante no Senhor, pois nEle nada é em vão (I Co 15:58).

"Para voar tão alto como as águias, é preciso ter autoestima e autoconceito restaurados através do conhecimento e do poder de Jesus Cristo."

Silvia Regina Rodrigues

Simone Rodrigues

Olá! Sou a improvável que tem resistido aos embates da vida, filha primogênita de Lourenço Cesário Rodrigues (*in memoriam*) e Maria da Penha A. Rodrigues, que nunca mediram esforços para me educar, casada com Welder Seabra Garcia, com quem tenho experienciado quinze anos de amor e cumplicidade que expressam o cuidado, a bondade e o amor de Deus por mim. Sou portadora de visão subnormal, graduada em Administração de Empresas e Teologia, com pós-graduação em Teologia do Novo Testamento.

Quanto à vida eclesiástica, já atuei como líder de Intercessão, Discipulado, Ministério de Ensino e Rede de Mulheres.

Atualmente, tenho me dedicado ao ensino teológico e à pregação das Sagradas Escrituras.

Minha expectativa é que, ao discorrer esta leitura, você possa ser impelida a romper limites para viver o extraordinário.

simone.rodrigues_oficial

simone.a.r.garcia@hotmail.com

Improváveis + Resistentes

25 NÃO PERCA A VISÃO DO SEU PROPÓSITO

Por Simone Rodrigues

Uma menina sonhadora, era assim que eu me via aos 18 anos. Tendo concluído o Ensino Médio, tudo o que eu vislumbrava era um futuro promissor. Lembro-me bem que, quando criança, sempre que me perguntavam o que queria ser quando crescesse, eu dizia: "Quero ser presidente da República!". Era motivo das risadas de todos. Na verdade, na minha inocência, o que eu queria dizer era que meu sonho era voar o mais alto possível. Contudo, aquela menina sonhadora, tímida, estrábica, que usava óculos desde a tenra idade, temente a Deus, que se converteu aos 12 anos e que, por intermédio do Espírito Santo, ganhou os pais e o irmão para Jesus, não imaginava que o futuro lhe reservava grandes desafios.

Meus sonhos eram fundamentados nas palavras proféticas que haviam sido liberadas sobre a minha vida desde a minha conversão. Deus havia me dito que eu seria uma pregadora do evangelho, uma profetisa para a minha geração, que me levaria a lugares altos na vida profissional. Mas, junto com as promessas, vinha uma exortação de que eu nunca me esquecesse da minha aliança com Cristo. Eu me agarrei a essas promessas e fiz minha parte, sendo dedicada à vida cristã, apaixonada pela Bíblia e o desvendar de seus mistérios e aplicada no estudo secular.

Tudo parecia ir bem, até eu sentir que a dificuldade para enxergar estava muito além do que já estava habituada a lidar. Fui a vários especialistas e nenhum deles conseguia fechar um diagnóstico. Isso muito me angustiou, até que um renomado oftalmologista chegou à conclusão de que eu estava com uma significativa perda gradual de visão e que ela, possivelmente, me levaria à cegueira. Aquela notícia rasgou a minha alma. Saí do consultório aos prantos. Minha mãe, atrás mim, me pedindo calma, e eu só fazia chorar e gritar com Deus, perguntando por que Ele estava fazendo aquilo comigo e onde estavam suas promessas.

As pessoas que passavam por mim olhavam assustadas, pois elas não entendiam meu comportamento. Só eu sabia a dor que estava sentindo. Aquele fatídico dia foi o pior momento da minha vida.

Depois de algum tempo enlutada, tendo sepultado meus sonhos, resolvi reagir negando as circunstâncias, me envolvendo cada vez mais na obra de Deus, mesmo percebendo que a visão estava cada vez mais turva. Todavia, o que me movia era a fé gerada pela voz do Senhor que falava ao meu coração: "Não perca a visão do seu propósito".

Encorajada pela fé, decidi procurar emprego. Consegui meu primeiro emprego como secretária. Foi desafiador, porque eu tinha muita dificuldade para enxergar. Clamava pedindo a Deus que não me deixasse ser envergonhada e, tão logo fazia isso, aparecia alguém no escritório que me ajudava. Era contínua e pontual a presença de Deus cuidando de mim. Nessas horas, eu me sentia como Davi declamando: "O Senhor é o meu pastor e nada me faltará" (Sl 23:1). De fato, meu Bom Pastor nunca me faltou. Eu estava, literalmente, vivendo na dependência de Deus. Com o passar do tempo, comecei aspirar por cursar o tão sonhado curso de bacharel em Teologia e intensifiquei minhas orações nesse sentido. Minha vida era envolvida nas consagrações. Eu era a jovem que amava estar próxima das irmãs do círculo de oração. A oração sempre foi o combustível que me impulsionava a prosseguir com meus sonhos.

Confesso que nem sempre eu conseguia vencer meus medos e limitações e tive muitos dias de altos e baixos. Porém, quanto mais limitada eu me tornava devido à baixa visão, mais dependente de Deus ficava.

Às vezes, me sentia como Josué quando, diante da missão que lhe aguardava, teve medo e Deus o admoestou dizendo: "Lembra da minha ordem: Seja forte e corajoso! Não fique desanimado e nem tenha medo, porque eu o Senhor seu Deus, estarei com você em qualquer lugar para onde você for." (Js 1:9). Eu tinha medo de não corresponder aos propósitos do Senhor.

Experimentar o cuidado de Deus comigo me dava resistência para enfrentar os próximos desafios e alcançar novas conquistas. Pois bem, comecei cursar Teologia, mas não concluí, pois me sentia incapaz, uma vez que não enxergava nada no quadro ou nos livros e não queria que ninguém soubesse disso, por medo de sofrer discriminação.

Nesse interim, uma grande empresa me contratou. Foi incrível o que Deus fez!

Nessa empresa, fui galgando promoções, até que cheguei à função de gestão. Recebi prêmios, como viagens nacionais e internacionais. Era uma improvável vivendo o cumprimento de promessas.

Então, mais confiante de que minhas limitações não me impediriam de viver o cumprimento das promessas, tomei coragem e me matriculei no curso de Administração de Empresas. Ao entrar na faculdade, logo veio a frustração, porque eu não conseguia enxergar nada no quadro, só tinha a audição para me auxiliar no aprendizado e pensei em desistir. Foi quando meu irmão Leandro se matriculou no curso só para me encorajar a prosseguir. Ah, como sou grata ao meu irmão, meu filho do coração! Ele me acompanhou por três meses, depois segui sozinha. Eu me senti como Moisés no Vale de Refidim, quando já não tinha mais forças nos braços para mantê-los erguidos, e Arão e Hur o apoiaram para que não esmorecesse e Israel vencesse a batalha contra os amalaquitas (Ex 17:8-16). Minha mãe e meu irmão foram os braços que me deram suporte para a minha vitória no "vale". Como Moisés, pude declarar: Jeová Nissi, O Senhor é a minha bandeira!

Venci o medo e concluí a graduação, para a glória de Deus, sem nunca ter copiado nada do quadro e sem que ninguém soubesse que eu era deficiente visual.

A essa altura, estava muito apegada ao momento que estava vivendo, eu me desconectei de Deus. Quer saber? Eu nem lembrava que enxergava pouco, afinal, estava vivendo a realização de um sonho, o cumprimento de promessas feitas por Deus quando era só uma menina.

Só que ignorei a orientação do Senhor de que nunca quebrasse a aliança com Cristo e fiquei soberba, achando que o mérito era todo meu. Aí meu maior desafio não era mais vencer minhas limitações visuais, mas vencer o meu ego. Não consegui, perdi essa batalha. Perdi o emprego, o status e, principalmente, a visão do propósito.

Ao rememorar o dia do meu desligamento da empresa, recordo-me que o rádio do taxista estava tocando a canção: "Deus cuida de mim". Era como se Deus dissesse ao meu coração: "Eu continuo cuidando de você e lhe permito perder coisas para não perdê-la."

Nessa ocasião, percebi que pior do que perder a vista é perder a visão dos propósitos de Deus. Quando eu desci do meu orgulho, o Senhor refez minha rota, me recolocou no mercado de trabalho, me permitiu conhecer meu príncipe, que, três meses após nosso primeiro encontro, me pediu em casamento.

Aos 34 anos, fui diagnosticada pelo Instituto Brasileiro de Oftalmologia com a doença de Stargard, que consiste na degeneração da retina por uma doença congênita, que possivelmente seria transmitida aos meus descendentes, e eu estava prestes a casar. Enquanto estava temerosa pelo futuro que me aguardava, Deus me dizia: "Eu é que sei que pensamentos tenho a vosso respeito, diz o Senhor; pensamentos de paz e não de mal, para vos dar esperança e um futuro." (Jr 29:11).

Bem, prossegui confiante no cuidado de Deus e comecei a agilizar os preparativos para o meu casamento. Que ano incrível foi 2008! Começou trazendo muita alegria com o nascimento da minha sobrinha Maria Júlia, amor da minha vida. Agora, pensava eu: "é só alegria, pois dia 22 de novembro será meu casamento!".

Faltando poucos meses para meu matrimônio, acordei numa manhã aos prantos, chorando copiosamente porque havia sonhado com meu pai morrendo nos meus braços. O que me consolava era que papai estava bem, não estava doente. Então, pensei:" Foi só um sonho ruim". Porém, em meados de outubro, meu pai foi internado com infecção generalizada e, no dia 20 de novembro, ele veio a óbito. No dia 21, eu estava no Jardim da Saudade, em Mesquita, sepultando meu pai.

Diante de tudo isso, eu só pensava em fugir das pessoas, fugir do chamado. Mas, assim como o anjo do Senhor encontrou Hagar no deserto, eu também fui encontrada pelo Senhor no meu deserto e pude dizer "El Rói, Tu és o Deus que me vê! (Gn 16:13).

Este ano, aos 48 anos, concluí a graduação em Teologia, fechando assim mais um ciclo de cumprimento das promessas do Senhor em minha vida.

Muitos me questionam como posso pregar que Deus cura se não fui curada. A minha resposta é que eu não preciso que Deus faça algo por mim para saber quem Ele é. Eu sei quem Ele é mesmo quando não faz algo por mim! Além disso, se o Senhor tivesse me curado, eu teria só um milagre para contar, mas todos os dias, quando vejo a luz do Sol, tenho um novo milagre para contar.

Ei, menina, talvez sua vida tenha sido marcada por impossibilidades, diagnósticos ruins e circunstâncias que fazem com que você acredite que é improvável que as promessas de Deus venham a se cumprir, mas entenda que, a despeito de suas dores, perdas e sofrimentos, Aquele que lhe fez promessas é fiel para cumpri-las. Eu sei que não é nada fácil crer na visão quando a vista não é favorável, continuar crendo que tudo vai dar certo quando as evidências fazem questão de lhe provar o contrário, apresentando um cenário inóspito, mas creia que as palavras liberadas por Jesus a seu respeito quebram decretos de morte e mudam cenários de dor.

Aprenda com Acsa, filha de Calebe, aquela que recebeu do pai apenas as "terras secas" do Neguebe, que nasceu no deserto, cresceu no deserto, mas decidiu não morrer no deserto. Acsa desceu à presença do pai e ele lhe perguntou: "O que queres minha filha?". Ela lhe pediu fontes de águas e ele lhe deu fontes abundantes (Js 15:18-19).

Desça na presença do Pai, e Ele fará você ser lembrada, não pelas dores que carrega, mas pelas dores que você venceu por meio da fé.

Decida ser protagonista e não vítima da sua história. Rompa a inércia. Crenças limitantes não podem cercear os sonhos de quem tem promessa. Afinal, trata-se da fidelidade de quem fez a promessa. Rompa seus limites pela fé e viva o extraordinário em Deus.

"Rompa a inércia. Crenças limitantes não podem cercear os sonhos de quem tem promessa. Afinal, trata-se da fidelidade de quem fez a promessa."

Simone Rodrigues

Miss. Vanessa Aguiar

Sou Vanessa Aguiar, mais conhecida como Miss. Vanessa Aguiar, filha de Maria das Graças Correa e de Roosevelt Martins, nascida na Baixada Fluminense, na cidade de Mesquita/RJ, no dia 24 de agosto de 1984, quando minha avó Antônia (*in memoriam*) realizou o parto da minha mãe. Sim, eu nasci em casa [risos].

Casada com Evangelista Wilson Marcos de Aguiar há vinte anos, sou mãe de quatro filhos lindos: Wendel, Otávio, Mariah e Manu e avó dos netos mais lindos do universo, Isis e Darlon.

Sou filha, esposa, mãe, avó, missionária, pregadora do evangelho, mentora, estudante de Nutrição e, acima de tudo, serva do Deus Altíssimo.

Nessa minha caminhada, não foi fácil chegar até aqui, mas eu aprendi com o Deus Altíssimo que tudo posso nAquele que me fortalece.

missvanessaaguiar

+55 (21) 96519-6379

missvanessaaguiar

missionariavanessaaguiar@gmail.com

Improváveis + Resistentes

26 UMA ESTRUTURA FIRMADA EM DEUS

Por Miss. Vanessa Aguiar

Quando eu comecei a ministrar, Deus começou a me impulsionar a falar sobre estrutura. No início, eu não entendia e achava que era só mais uma pregação, que Deus queria me usar naquele momento, naquele dia, naquela igreja, para aquelas pessoas. Mas não, Ele queria me mostra muito mais além, queria me ensinar, me moldar e me preparar para ter uma estrutura firmada nEle. Assim, eu passei a entender o porquê de ter morrido algumas vezes. Sim, eu já morri algumas vezes ao longo da minha vida e, sempre que morria, Deus fazia algo novo para me mostrar que Ele me podia ressuscitar.

Mesmo não nascendo num berço evangélico, Deus sempre me cuidou, guardou, zelou e protegeu. Ainda no ventre da minha mãe, Ele já tinha me escolhido. Quando eu nasci, éramos uma "família" de quatro irmãos; minha mãe já tinha três filhos quando conheceu meu pai. Fomos morar no quintal da minha avó Tonica, mãe do meu pai, num barraco de tábua, sem água, sem esgoto, sem nenhuma estrutura, lá quase no final da rua Espírito Santo, em Mesquita/RJ. Logo em seguida, minha mãe teve mais duas meninas, Anelise e Dandara. Depois que Dandara nasceu, minha mãe se separou do meu pai, e ali começou a minha primeira morte. Minha mãe passou a sustentar a casa na medida do possível, como ela podia. Saía para trabalhar e nos deixava trancadas dentro de casa, muitas vezes, sem nem ter o que comer, porque o que ela ganhava não bastava.

Lembro que uma vez estávamos trancadas dentro daquele barraco e eu, que era a mais velha, com 9 para 10 anos, abri a janelinha que tinha na porta de madeira e gritei para a minha avó. Ela escutou e perguntou:

— O que foi?

Eu falei:

— Estamos com fome, vó. Pode dar alguma coisa para a gente comer?

Ela disse:

— Espera aí.

Algum tempo depois, ela subiu e chamou na janelinha. Eu abri e era ela com potinhos de manteiga com um pouco de comida para mim, Anelise e Dandara comermos. Já era Deus cuidando de nós!

Há uma passagem bíblica de que eu gosto muito sobre quando Agar é lançada fora com seu filho Ismael e, no deserto, ela pensa que vai morrer com o seu filho, se afasta e diz: "Não posso ver morrer o meu menino". Deus responde ao choro do menino e, então, aparece um anjo, chama Agar e diz a ela: "O que tens tu, Agar? Nada receieis, porque Deus ouviu o menino ali onde ele está. Vai, pega o teu filho e consola-o, porque os seus descendentes hão de constituir uma grande nação." (Gênesis 21:10-18).

Veja que coisa linda! Quando Deus tem promessa na nossa vida, Ele não deixa morrer, Ele cuida nos detalhes. Por isso, mesmo minha mãe sendo de outra religião, de matriz africana, Deus cuidou de nós, porque tinha uma promessa a ser cumprida nas nossas vidas.

Minha mãe foi embora daquela rua chamada Espírito Santo e nos deixou com a família do meu pai. Ali morri mais uma vez: sentimentos de abandono pela segunda vez. Para onde ela foi, não podia nos levar e, como meu pai não a ajudava, preferiu nos deixar com a família dele. Ali, começou nosso real sofrimento. Escrevo esta parte do livro com lágrimas nos olhos, mãos trêmulas e voz embargada, porque foram anos terríveis. Pensamos que iríamos viver melhor, por ter saído de um barraco de tábua, ido para uma casa de tijolo e com boa comida da minha avó, mas a realidade não foi essa, passamos coisas terríveis ali, que prefiro nem colocar neste livro. Porém, de uma coisa eu tenho a certeza: Deus estava vendo tudo.

Minha irmã do meio não aguentou o sofrimento naquela casa e foi embora atrás do meu pai e sua segunda mulher. Eu, por minha vez, arrumei um namorado e nele vi a oportunidade de sair daquele lugar e ir atrás da minha mãe. Com 14 anos, fui morar com a minha mãe num acampamento do Movimento dos Sem Terra no Centro do Rio de Janeiro e todo fim de semana eu ia para cidade de Mesquita encontrar com meu namorado.

Foi nessa época que eu, com 14 anos, num fim de tarde de domingo, sai da casa desse namorado e resolvi voltar para a casa da minha mãe e, no caminho, fui perseguida por um homem, arrastada para um lugar deserto e estuprada por ele. Abusada e violentada indo para a casa da minha mãe no Centro do Rio, ali eu morri legal!

Mas até naquele dia Deus cuidou de mim e não deixou o abusador me matar.

Então resolvi ir morar com meu namorado. Ele fez uma casa em cima da casa da mãe dele e fomos morar lá. Com 15 anos, engravidei do meu primeiro filho, Wendel, e me vi sozinha.

Tive que aprender a cuidar de um bebê, de uma casa e lidar com as traições e os abusos psicológicos que meu namorado fazia comigo, porque ele mudou da água para o vinho quando a criança nasceu. Eu era uma menina de 16 anos com um nenê para cuidar e, depois de dois anos, engravidei de novo. Meu namorado me obrigou a tirar o bebê, mas o cuidado de Deus comigo e com a criança foi tanto que, mesmo ele me obrigando a tomar os remédios, o bebê não saiu. Eu perdi muito sangue, porém não perdi o bebê e segui com a gravidez. Meu segundo filho, Otávio, nasceu com alguns problemas de saúde, mas venceu essa guerra.

Depois de algum tempo, eu engravidei mais algumas vezes, porém, dessas vezes, não consegui segurar, ele me obrigou a tirar todas. A morte foi tensa para mim nessa época. Como manter uma estrutura assim? Como ainda continuar viva? Foi quando eu resolvi me separar. Saí de casa com dois filhos pequenos e voltei para a rua Espírito Santo. Fui ficar com a minha avó.

Quando eu estava subindo as escadas do quintal da minha avó, vinha descendo um rapaz e, quando olhei para ele, não acreditei. Ele parou e fixou os olhos em mim, também sem acreditar que depois de dez anos nos reencontrávamos.

O tal rapaz era um namoradinho de adolescência, de quando eu tinha 12 anos e com quem, na época, minha família me não deixou namorar porque ele era mais velho do que eu. Ele seguiu a vida dele, e eu, a minha. Casei, tive dois filhos; ele casou e teve um. Ele estava separado e tinha voltado para a casa da mãe, que alugava uma das casas do quintal da minha avó. Ali aquela paixão de criança reacendeu e começamos a conversar, a nos reaproximar e, quando vimos, estávamos morando juntos. Ele me assumiu e passou a cuidar de mim e dos meus filhos como se fossem dele. Deus começou a mudar a minha história, e hoje somos casados há vinte anos. Deus nos presenteou com duas meninas lindas: Mariah e Manu. Depois, começou nossa caminhada com Jesus: passamos por uma quase separação por conta de bebida e farra, mas, quando eu falei: "não quero mais, quero me separar", ele resolveu ir a uma igreja e buscar pelo nosso casamento. Sim, ele foi primeiro [risos]. Logo em seguida, eu passei a ir. Aceitamos Jesus juntos, casamos, nós batizamos, fomos levantados a obreiros, diáconos, missionária e presbítero, tudo juntos. Deus começou a escrever a nossa história. Morremos para o mundo e nascemos de novo. Ali, o Senhor me mostrou porque vinha me ressuscitando nesses anos todos. Havia um propósito! Eu só sei que Deus me viu. Naquele momento, percebi o cuidado dEle comigo.

Os anos se passaram e começamos a fazer a obra de Deus, a seguir nosso chamado e, quando eu menos esperava, no ano de 2018, o Senhor resolveu mexer mais uma vez na minha estrutura. Um dia, passei mal na igreja, desmaiei, me socorreram e, quando eu cheguei ao hospital, recebi o diagnóstico: um nódulo cancerígeno na minha garganta.

Veja se pode um negócio desse. Eu tinha 34 anos, estava tudo bem, estávamos felizes e então me deparei com a notícia que teria que começar um tratamento de quimioterapia que seria muito doloroso. Como ficar de pé? Como prosseguir? Entrei em depressão. Comecei o tratamento e não foi fácil. Deus nos levou para um ministério no qual eu me apeguei à esposa do meu pastor, a missionária Jeane. Viramos praticamente irmãs e, hoje, nos tratamos por "mana". Essa mulher foi um presente de Deus para a minha vida. Ela cuidou de mim, ia nos tratamentos comigo e, quando meu cabelo começou a cair, estava lá e me levou ao salão para cortá lo. Aquele dia foi terrível. Como chorei! Mais uma morte. Lembro que eu ia para os cultos com lenço na cabeça, passava mal, desmaiava, as pessoas me socorriam e me levavam para o hospital, mas, na semana seguinte, eu estava lá de novo, adorando ao meu Deus.

Um dia, disse para meu pastor que não queira mais e pedi a Deus que me levasse porque não aguentava mais tanta dor. O pastor orou comigo e me falou assim:

— Missionária, come deste pão, bebe desta água e vai, porque essa doença não é para morte e para que o nome do Senhor venha a ser glorificado. Lembra de Elias? Em 1 Reis 19, Elias teve medo e fugiu para salvar a vida. De repente, um anjo tocou nele e disse: "Levante-se e coma". Elias olhou ao redor e ali, junto à sua cabeça, havia um pão assado sobre brasas quentes e um jarro de água. Ele comeu, bebeu e deitou-se de novo. O anjo do Senhor voltou, tocou nele e disse: "Levante-se e coma, pois a sua viagem será muito longa". Então, ele se levantou, comeu e bebeu. Ei! Levanta, come e bebe. Ouviu? Porque sua caminhada é muito longa. Nada de desistir agora, a sua estrutura foi criada por Ele, então Ele sabe o que está fazendo. Só continue firme na sua caminhada. Amém.

Quando chegou o ano-novo de 2018, minha mãe estava lá em casa cuidando de mim e, na virada do ano, às 0h, ela me abraçou e falou:

— Filha, acabei de fazer um pacto com o seu Deus: se Ele curar você, eu passo a servi-Lo.

Eu caí no choro e entendi que, por causa de um dentro da Sua casa, Deus mexe com toda a sua estrutura. A minha mãe foi por cinquenta anos mãe de santo, do candomblé, e, naquele dia, eu entendi porque Deus estava mexendo com a minha estrutura mais uma vez. No ano de 2019, Ele me curou e ela cumpriu a promessa, aceitou Jesus e se batizou. Então, cumpriu-se o que Deus havia me falado, que eu e a minha casa serviríamos ao Senhor.

Em 2023, outro câncer, fiz cirurgia e venci mais uma vez!

Como é possível morrer tantas vezes e continuar viva? Porque a gente, de verdade, só morre quando desiste.

Se você morreu hoje, amanhã estará viva de novo. Deus é contigo! Não desista! Eu venci o abandono, o estupro, a depressão e o câncer por duas vezes. Você também pode!

Quero agradecer a Deus pela oportunidade de estar escrevendo este livro e a minha família, meus amigos, meus pastores e todas as pessoas que oraram para que eu chegasse até aqui. Não foi fácil, mas Deus me dá estrutura para suportar cada processo.

"Como é possível morrer tantas vezes e continuar viva? Porque a gente, de verdade, só morre quando desiste."

Miss. Vanessa Aguiar

Pra. Vanessa Barros

Sou Vanessa Barros, natural de Nova Iguaçu/RJ, formada no curso de Teologia. Resido em Belford Roxo/RJ com minha amada família: meu esposo, Pr. Jean Ricardo, com quem sou casada há quase 17 anos, e minhas lindas filhas, Maria, Isabel e Esther.

Pela infinita graça e misericórdia do Senhor Jesus, fui ordenada ao ministério pastoral no dia 24 de dezembro de 2017.

Também sou corretora de imóveis, uma profissão que Deus me concedeu em forma de bondade, para que assim eu pudesse trabalhar e cuidar da minha família e do ministério a mim confiado e, por meio do chamado, impactar famílias que me permitem viver parte do sonho delas de adquirir um imóvel.

Casada desde os 19 anos de idade, ainda que muitos não acreditassem que seria um matrimônio de sucesso, estou aqui com meu esposo, vivendo os sonhos de Deus para nós.

vanessabcorretora

+55 (21) 96590-3207

vanessabguerra@hotmail.com

Improváveis + Resistentes

27 O PODER DA DECISÃO É A CHAVE DE MILAGRES!

Por Pra. Vanessa Barros

Fui uma criança oprimida e proibida de viver a alegria de ser criança, devido à religião dos meus pais na época e sequer celebrava datas comemorativas. Presenciei violência doméstica do meu pai contra a minha mãe, o que era constante e horrível, até que, quando eu tinha uns 9 anos de idade, eles se separaram. Cresci longe da figura paterna, sem apoio, sem convívio. Após o divórcio deles, comecei a ser criada pela minha falecida e querida avó, dona Maria Lúcia, que me ensinou a ser uma mulher resistente, em uma casa composta por mulheres, onde uma era a força da outra.

Primeiro encontro com Jesus

Quando eu tinha aproximadamente 15 anos de idade, uma amiga de infância, Simone Espínola, me convidou para conhecer a igreja da qual seus pais eram frequentadores. Essa foi a primeira vez que tive contato com uma igreja evangélica, onde reconheci Jesus como meu salvador pela primeira vez. Em 2003, conheci meu esposo. Namoramos e noivamos sem estar firmados em Cristo, até que um dia uma irmã veio até mim e revelou que o nosso relacionamento era para glorificar o nome do Senhor, que deveríamos procurar uma igreja e congregarmos. Assim fizemos. Foi uma caminhada árdua até encontrarmos uma igreja. Eu me converti primeiro e me batizei em dezembro de 2006, nos casamos em março de 2007, ele se converteu e se batizou em julho de 2008 e começamos uma caminhada de aprendizado, milagres e testemunhos, que não foram poucos.

É maravilhoso quando reconhecemos a importância da presença de Deus em nossos relacionamentos. Ele pode trazer amor, paz e propósito para nossa jornada juntos. Que vocês possam buscar Deus e fortalecer o relacionamento com base nos princípios divinos.

Onde tudo começou?

Não nascemos em berço evangélico. Nós nos conhecemos em 2003, em um parque de diversões. Eu estava na fila do brinquedo quando nossa amiga em comum nos apresentou e pediu que ele me acompanhasse no brinquedo. Dali em diante, começamos a ser amigos, nos encontrávamos nas baladas da época e, um dia, numa festa de rua perto da minha casa, começamos a namorar. O tempo passou e foi ficando sério, porém faltava algo no nosso relacionamento. Sim, faltava a presença de Deus.

O poder da decisão é a chave para grandes testemunhos

Em uma sexta-feira, fomos a uma das baladas, como de costume, e eu não conseguia me alegrar, não sentia vontade de estar ali e pedi para irmos embora. Na saída da casa de *show*, eu declarei:

— Não piso mais aqui. No domingo, estarei na igreja.

Meu noivo riu na hora, porque, aos olhos humanos, aquilo era improvável, mas Deus já havia preparado tudo.

Quando cheguei ao culto de domingo, era dia de batismo, e a atmosfera já estava cheia da presença de Deus. Naquele dia, eu decidi me entregar de fato para Cristo e abandonar toda prática mundana, inclusive estava disposta a terminar o relacionamento, caso fosse um impedimento para minha caminhada. Porém, nos casamos em três meses. Muitos não entenderam, por conta da nossa idade, e jogaram palavras de maldição. Naquele período, vivemos milagres, ganhamos festa de casamento, vestido de noiva... Foi lindo tudo o que vivemos.

Eu me batizei primeiro, após dezoito longos meses com meu esposo fora da presença. Era difícil viver em jugo desigual e, muitas vezes, eu ia ao monte orar, e ele ficava bebendo. Foi assim, até que um dia eu obedeci a palavra sobre ser sábia. Um dia, ele chegou bêbado, eu li a palavra de 1 Coríntios 13 que relata sobre o amor. Em uma noite, eu fiquei com muito medo, pois ele não chegava, então me ajoelhei, pedi que Deus o trouxesse para casa e disse que eu seria sábia. Momentos depois, meu esposo chegou gritando bem alterado da bebida. Fiquei quieta até a hora da Escola Bíblica Dominical de manhã, fui cultuar, depois para o evangelismo e só então fui para casa. Ao chegar em casa, poderia reagir da pior maneira, afinal eu tinha razão e poderia usar aquilo para brigar, mandar embora, ofender, mas escolhi ser sábia, e não ter a razão, e falei:

— Bom dia, amor. Não quero saber onde estava ontem. Vou preparar o almoço e, logo mais, você vai comigo para a igreja. Pode ser?

Ele, sem reação, respondeu:

— Sim.

Meu esposo conta que, naquele dia, decidiu nunca mais beber, porque ele sabia que não tomaria essa atitude se não fosse pelo Espírito Santo. Foi comigo para a igreja e, algumas semanas depois, aceitou Jesus. Antes mesmo do apelo em um culto de Páscoa, no dia 6 de julho 2008, ele se batizou e, no dia seguinte, começou a fazer parte das aulas de obreiros da igreja. Eu falei para ele que orava para ser salvo, mas Deus via muito mais.

Começamos a caminhar juntos desde então e, para a Glória de Deus, permanecemos firmes na rocha, galgamos todos os degraus eclesiásticos juntos, sempre vivendo o propósito juntos, e nos formamos em Teologia.

Congregamos e servimos na nossa primeira igreja por quinze anos. Nossas filhas nasceram na igreja. Éramos assíduos em tudo o que era relacionado ao ministério. Em 24 de dezembro de 2017, tive a honra de ser chamada por Deus ao ministério pastoral e fui ordenada pelo pastor da igreja. Jamais tinha imaginado ou desejado ser pastora. Sou grata por tudo o que vivemos e aprendemos na nossa primeira casa espiritual. Porém, Deus não erra e Ele tinha planos maiores que os nossos, propósitos que não conhecíamos.

A grande virada de Deus na minha vida!

O "então" de Deus chegou para a minha vida e para a minha família. Aprouve ao Senhor, em maio de 2021, nos tirar do lugar de conforto. Ele nos tirou da igreja da qual fizemos parte por quinze anos, e começou ali um desafio. Não sabíamos para onde ir, o que fazer, onde buscar ajuda. Eu me lembro que gritava:

— Chega! Ninguém vai mais me chamar de pastora.

Cheguei a acreditar no fim do ministério. A saída aconteceu em uma sexta-feira e, quando me dei conta, o domingo de manhã já havia chegado. Não fomos ao culto, afinal não tínhamos lugar para ir. Quando foi chegando a noite, eu e meu esposo nos arrumamos e entramos no carro sem rumo. Não sabíamos de fato para onde ir, até que Deus impulsionou meu esposo a ligar para um amigo, que fez o convite para irmos assistir a um culto em sua igreja, e Deus nos levou para o lugar onde hoje temos a honra de congregar. Eu me lembro bem daquele culto. Foi com o tema família.

Chegamos à igreja chorando muito, sem nem saber onde sentar. Tudo era diferente, então nos ajoelhamos e oramos. Logo no começo do culto, na hora do louvor, fomos impactados pela presença de Deus. Foi um dia em que fomos abraçados pelo Espírito Santo e o Senhor nos sustentou a todo o momento.

Nesse período de transição, meu esposo sofreu um acidente de moto que, para a honra e a glória do Senhor, não custou sua vida. Naquele momento, eu perdi o chão novamente. Quando cheguei ao hospital, fui recebida pelo policial, que me disse:

— Seu esposo é um milagre. Não era para estar vivo.

Naquele instante, eu agradeci ao Senhor por cuidar tão bem de nós.

Passado o tempo de recuperação, seguimos juntos na igreja para a qual o Senhor Jesus nos havia levado, e muitos milagres começaram a se tornar testemunhos. Minha sogra, após vinte anos afastada, voltou para Jesus; nossa primogênita se batizou; e meu esposo — sim, aquele que antes zombavam pelo nosso casamento, pela nossa conversão, meu marido de quem tenho o maior orgulho —, no dia 17 de dezembro de 2022, foi ordenado pastor e, assim, nossa casa se tornou completa para o chamado pastoral.

E Ele tem edificado Seu projeto

Posso dizer que somos dois improváveis resistentes, pois, no meio de toda a nossa trajetória, permanecemos juntos e crendo no propósito. Em janeiro de 2023, Deus me deu uma ordem. Eu gerenciava uma loja de telefonia e, por isso, quase não tinha tempo para a obra de Deus, vivia estressada, até mesmo para conviver com a minha família. Minha vida era para bater metas de vendas. Nos sete primeiros dias do ano, foi levantada na minha igreja, com a direção dada por Deus à Pra. Margarete Martins, uma semana de propósito com cultos diários apresentando a Deus os sete primeiros dias de 2023. Fui confrontada por Deus para entender que fui chamada para cuidar de vidas. Então, tomei a decisão mais difícil e mais importante do ano logo de cara em janeiro: sim, pedi demissão de um emprego no qual ganhava um bom salário. Liguei para uma amiga e perguntei se podia trabalhar como corretora de imóveis com ela. Imediatamente, a resposta foi "sim", e mais uma vez experimentei o cuidado de Deus comigo. O nome dela é Janaína Portela. Como instrumento do Senhor, ela me pegou pelas mãos e me ajudou a viver mais uma transição. Hoje posso dizer que tenho experimentado da boa, perfeita e agradável vontade do Senhor para minha vida. Estudei a área, me formei e o melhor de tudo é poder cumprir o chamado de Deus enquanto trabalho. A cada entrega de chaves, alguém diz: "Você não é pastora? Ore pela minha casa, ore pela minha família." ou "Vou visitar sua igreja.". É muito mais que uma profissão ou uma venda, é o cumprimento do propósito.

Lembre-se: a dor não pode ser maior do que o propósito que Deus tem para nós. Devemos avançar, ouvir e obedecer a Sua voz para experimentar milagres incríveis. Não se distraia e continue avançando em direção ao propósito divino!

O propósito de Deus na minha vida tem alcançado vidas

Por isso, estou aqui como boca de Deus para impulsionar você a não desistir do que Ele já estabeleceu para sua vida. O fim de algo, muitas vezes, é o começo de uma nova oportunidade. É importante estar aberto para novos começos e aproveitar as oportunidades que surgem. Os ciclos fazem parte da vida e, muitas vezes, para que algo novo chegue, é preciso deixar para trás o que já não nos serve mais. É um processo natural de crescimento e renovação. Desafio a você, a partir de hoje olhar, as adversidades como oportunidades de crescimento em todas as áreas da sua vida. Eu poderia ter escolhido parar, ou somente lamentar pelas perdas, porém decidir continuar a buscar a presença do Senhor para nós, decidi viver a vontade e o propósito de Deus para minha vida e da minha família e, hoje, posso dizer que eu e minha casa servimos ao Senhor. Minhas filhas são ministras de dança e meu esposo o pastor mais lindo. Como eu amo vê-lo ministrar a palavra!... Um dia, eu orei para ele se batizar, mas Deus sonhou com ele pregando, e viver os sonhos do Senhor é gratificante.

A mudança de rota que no começo parece ser desconfortável, amanhã será seu maior testemunho. Eu sou prova disso e estou tendo o privilégio de relatar, uma parte da minha história, Parte essa que me tirou da zona de conforto para que eu pudesse ter a oportunidade de crescimento com resistência na palavra de Deus.

É importante ter fé e confiar no plano de Deus para nossas vidas. Mesmo diante de desafios e palavras contrárias, podemos buscar força e resistência no Senhor Jesus. Que possamos nos levantar como uma geração resiliente e determinada a seguir o propósito de Deus!

"A dor não supera o propósito divino. Avance, ouça e obedeça a Deus para testemunhar milagres em sua jornada com Ele."

Pra. Vanessa Barros

Pra. Vania Vale

Sou a pastora Vania Vale, natural do Rio de Janeiro. Moro com o meu esposo Cosmo, com quem estou casada há 47 anos. Temos dois filhos: Iris e Igor, que nos deram cinco netos lindos: Ingrid, Júlia, Calebe, Maria Júlia e Jasmim.

Sou professora de Teologia e Psicopedagoga e congrego na Igreja do Nazareno em Nilópolis há 32 anos, onde faço parte da equipe pastoral liderada pelo Pr. Alessandro Antônio Alvarenga.

Tenho desenvolvido o meu ministério trabalhando com mulheres (no Ministério à Mulher – MAM), atuo como líder das Missões Nazarenas Internacionais (MNI) há 29 anos, fui líder da MNI no Rio de Janeiro durante nove anos e do projeto Povos no Rio de Janeiro (Rio-Amazonas).

A minha história de vida tem uma virada surpreendente. Por meio de um encontro com Deus, passei a viver em novidade de vida, tendo toda a minha família alcançada por Cristo Jesus.

vaniamariasousavale

pravaniavale@hotmail.com.br

Improváveis + Resistentes

28 O DEUS QUE AGE EM FAVOR DOS PERDIDOS

Por Pra. Vania Vale

A nossa resistência só é posta em prova diante das adversidades que nos cercam. Somos criaturas fragilizadas, e essa vulnerabilidade não nos permite enxergar o potencial que temos em nossas vidas. Quando encontramos um Deus que sonda a mente e o coração do homem, Ele transforma a nossa fraqueza em fortaleza.

Na minha ignorância espiritual, acreditava num Deus distante, sem contato com a humanidade e que não se envolvia nos problemas dos homens aqui na terra. Eu não conhecia Deus, por isso não exercia a fé de forma direcionada.

Não vim de um lar cristão. A única pessoa evangélica na família era o meu irmão mais novo, que, naquela época, estava cursando o seminário (Instituto Bíblico das Assembleias de Deus — IBAD-SP). Ele era um jovem envolvido com as coisas de Deus e orava para a conversão de toda família.

Aos 25 anos, eu não poderia imaginar que aceitaria Jesus como Salvador, pois, do meu ponto de vista, ser crente (como muitos nos chamam até os dias atuais) era difícil. Eu os enxergava como pessoas com uma vida triste e sem perspectivas. Mas o que o Espírito Santo reservou para mim foi algo tão tremendo que eu não poderia acreditar que aconteceria.

Casei-me aos 17 anos com o grande amor da minha vida. Por não ter Cristo em nosso lar, as brigas eram constantes. Éramos dois improváveis para o Reino de Deus, porém, quando nos rendemos ao Senhor, nos tornamos resistentes a todos os ataques do inimigo.

Desse relacionamento, tivemos dois filhos: Iris e Igor. A menina nasceu quando eu tinha 18 anos. A segunda gestação foi em um momento difícil, pois não estava nos meus planos. Tinha vários projetos desenhados, afinal estava no último ano do magistério, cheia de projetos.

Estava no colégio, no horário do intervalo, e uma moça recebeu uma entidade e me disse assim:

— Este ano você ficará grávida de um menino.

Sou cristã, evangélica, pastora, assídua no estudo da palavra de Deus e, até hoje, não sei explicar isso que aconteceu. Em Salmos 97:1, está dito que o Senhor domina sobre toda a terra e tudo o que existe. Domina sobre seres e pessoas, e nada foge aos seu domínio. É um Deus que conversa com a tempestade, que anda sobre as águas, que faz caminho no mar, atravessa paredes etc. Enfim, não existe impossibilidades. Ele usa mulas, peixes e pessoas.

Da forma como ela falou, eu engravidei, mesmo com uso de contraceptivos. Minha gestação foi tranquila. No dia 22 de abril de 1981, nasceu meu menino. Igor seria instrumento para vivermos o sobrenatural de Deus. E foi por meio dessa experiência que de improvável tornei-me resistente.

Igor nasceu saudável, mas, com o decorrer dos meses, ele ficou muito doente. Todos os meses, o levávamos ao pediatra. Pelos sintomas que ele apresentava, o médico solicitou alguns exames. Após o resultado, descobriram que ele tinha a imunidade baixa, ficando exposto a vários tipos de doenças. Já tínhamos o diagnóstico de bronquite, e ele foi crescendo muito debilitado. Como mãe, eu me preocupava, mas o pior ainda estava para acontecer.

Quando ele tinha 5 anos, recebi a notícia de que estava com um aneurisma entre o coração e a costela e tinha também uma adenopatia. O médico me deu a triste notícia de que não poderia operar o aneurisma, pois tinha risco de morte. Ele disse que o Igor não poderia fazer qualquer esforço, porque o rompimento o levaria à morte. Ali, meu mundo veio abaixo. Chorei muito, porém meu maior medo era que meu filho morresse sem eu estar ao lado dele. Como eu trabalhava, resolvi pedir demissão para ficar mais perto dele.

Os médicos diziam que nada podia ser feito. O medo de não poder ver o meu filho crescer me angustiava. Procuramos a opinião de vários outros médicos, e a resposta era sempre a mesma, que ele não aguentaria passar por uma cirurgia com aquele quadro.

Um dia, fomos em busca de outra opinião médica. O doutor explicou que existia uma vacina nos Estados Unidos que poderia fazer o aneurisma sumir. Não tínhamos recursos para levá-lo para outro país e muito menos para comprar a vacina.

Como eu não conhecia o Jesus maravilhoso que traz cura ao enfermo, me apeguei apenas ao que era falado pela medicina. Não orei, não elevei os meus olhos para o monte, com diz o salmista.

Deixar Jesus morto na cruz é viver uma vida de morte, e eu me sentia assim: morta. Meu pai falou que me ajudaria a comprar a vacina. Meus pais tinham um compromisso muito grande com a família.

Fomos pela manhã ao consultório médico, Igor tomou a injeção e o pior aconteceu: seu braço ficou vermelho e nele brotou uma ferida, o que indicava que ele era alérgico à injeção e não poderia tomar as outras doses.

Quando tudo o que você tem é o último recurso, o que fazer quando falha?

Eu aprendi que, quando tudo o que tenho é nada, Deus pode se tornar meu tudo. Quando vi o braço do meu filho com aquela ferida, pensei: "Não temos mais nada, acabou." Cada vez que ele era acometido por uma crise de bronquite, eu corria para o pronto-socorro e pensava que meu filho estava indo embora.

Numa noite, eu estava triste, olhei para o céu e disse:

— Deus, se o Senhor existe mesmo, salva meu filho.

Falei isso com todas as forças que ainda me restavam.

Naquela noite, o Senhor já estava agindo. Uma semana se passou depois daquela experiência traumática de saber que meu filho era alérgico à vacina. Naquela mesma semana, encontrei um amigo da família, que não era evangélico, mas me falou de uma casa de oração. Ele deixou bem claro que a irmã orava e o mal ia embora. Naquele instante, pensei: "Deve ser macumba." (Já perdi perdão a Deus por tal pensamento.)

Numa segunda-feira de 1985, acordei cedo e fui lá sozinha, sem levar meu filho, pois temia o que poderia acontecer naquele lugar.

Quando cheguei, a reunião havia começado. Fiquei num canto da sala, pois estava bem cheio. De repente, uma senhora olhou para mim (não mais esqueci aquele olhar tão profundo) e perguntou:

— Mulher, por que você veio sozinha? Por que não trouxe aquele que está doente?

Eu fiquei em choque. O meu primeiro pensamento foi: "Essa macumba é forte!".

No mesmo instante, aquela senhora disse:

— Aqui quem fala é o Espírito Santo de Deus. Não há outro espírito.

Eu gelei e falei:

— Que lugar é este que lê os meus pensamentos, que sabe da minha vida, dos meus problemas?

Naquele momento, ela começou a falar em mistério, se aproximou de mim e disse:

— Traga aquele menino aqui.

Que encontro tremendo com Deus! Hoje entendo de tudo o que aconteceu naquela reunião de oração. Liguei para o meu irmão, o pastor Edmilton, que estava em missão, e relatei o fato ocorrido. Falei que tinha ido a um lugar onde as pessoas falavam uma língua que eu nunca tinha ouvido antes e que conseguiam ler meus pensamentos.

Meu irmão sempre teve um senso de humor grande e disse:

— Minha irmã, que lugar é esse? Vigia!

A semana foi longa. Na segunda-feira, eu retornaria com o Igor. Foi uma semana difícil. Ele teve crise de bronquite quase todos os dias. Idas e vindas ao pronto-socorro, com muita dificuldade de respirar.

Aos poucos, indo até aquela casa de oração, aprendi a falar com Jesus. Eu pedia para Ele não levar o meu filho.

Na segunda-feira marcada, levei o Igor lá. Ele estava fraco, e eu, no limite. Fomos andando na chuva, pois eu não tinha dinheiro para o táxi. Hoje, com o discernimento espiritual, sei que o Deus Emanuel estava conosco nos fazendo resistentes, em meio às incertezas e inseguranças. Eu, a pessoa mais improvável naquele momento, resistia com a força do Mestre, que, mesmo sem eu saber, me carregava nos braços enquanto eu carregava meu filho.

Cheguei à casa de oração, que naquele dia parecia estar mais cheia ainda. A tal senhora olhou para trás e disse:

— Deixem essa mulher passar. Traga o menino agora!

Eu coloquei o Igor no chão. Ele estava com 6 anos, e os médicos diziam que não chegaria aos 7 anos. A irmã Penha colocou as mãos nele e falou:

— Hoje, em nome de Jesus, a cura e a salvação chegaram para você. — Depois, olhou para mim e me perguntou: — E você quer receber esse Jesus?

Senti algo diferente, e a minha resposta foi:

— Sim.

Voltamos para casa, e algo tinha mudado. Durante a semana, a situação do meu filho piorou. Naquela noite, o Igor teve uma crise, a pior de todas que já tinha acontecido. Que noite horrível! Não tínhamos dinheiro para levá-lo ao médico. Deixei-o ao meu lado na cama e pensava: "Quando ele partir, quero estar abraçada com ele." Nesse momento, eu orei:

— Deus, se quiser levar meu filho, o Senhor pode. Eu nunca mais farei promessas para deuses nenhum, mas eu entrego ele para morar Contigo.

Meu quarto ficou cheio de luz. Um anjo com um aparelho de respirar se colocou no meio de nós e o utilizou no Igor. Cobria boca e nariz, tinha fios e ferros. Assim como ele chegou, foi embora. Quando olhei o Igor, sua respiração estava melhor. Sim, um milagre! Como explicar? Uma alegria e uma paz invadiram minha casa.

Naquela semana, levei Igor ao médico devido às crises. Tínhamos que ver a gravidade do aneurisma. O médico pediu um raio X e ele mesmo não acreditava no que estava vendo, então falou:

— Não existe mais aneurisma.

Eu gritei:

— OBRIGADA, MEU DEUS!

O Deus que eu não conhecia me escolheu para realizar um milagre e teve misericórdia do meu filho. Ele me amou, mesmo eu sendo pecadora. Ele mudou a sorte do meu filho.

Até hoje, tenho as chapas uma com a enfermidade e a outra com o milagre do Senhor.

O Senhor das nossas vidas tem os meios para nos alcançar, mas não conseguimos ver quando estamos dentro do processo.

Voltei àquela casa de oração, levei todos os diagnósticos médicos e dei meu testemunho. Ali estava apenas começando uma linda trajetória em minha vida.

Hoje, meu filho Igor está com 42 anos, é pastor-presidente da Igreja do Nazareno em Manaus e coordenador do barco Jesus é a Esperança e líder do projeto Povos.

Deus já tinha uma história para a minha vida. Nele, tudo podemos; em Deus, nossos planos não serão frustrados (Jó 42:2-5).

Somos improváveis neste mundo de tantas lutas. Mas, com Cristo, conseguimos vencer todas as situações.

Para você que lê este capítulo, o meu desejo é que encontre forças para continuar lutando. Caso ainda não tenha tido um encontro com Ele, corra para os Seus braços. Deus abençoe a sua vida.

"A oração de um improvável, feita com lágrimas e dores da alma, chega a Deus. Ele direciona o dia e a hora de seu milagre."

Pra. Vania Vale

Rev. Wania Magalhães

Sou Wania Magalhães, viúva, carioca da Barra da Tijuca, pedagoga, especialista em Gestão Educacional há 43 anos. Durante esse tempo em sala de aula, também fui coordenadora pedagógica, atuando como gestora escolar.

Sou bacharel em Teologia e reverenda, ministra na 1ª Igreja do Nazareno em Nilópolis/RJ e sou coordenadora do curso de Liderança e Serviço Cristão e líder do curso Mulher Única (UDF).

Minha família inclui: minha mãe, Wanda Magalhães, de 92 anos; minha primeira filha, Valéria Magalhães, meu milagre, de 42 anos; minha segunda filha, Vanessa Magalhães (*in memorian*), faleceu aos 37 anos e me deixou três netos: Giovanna, de 15 anos, e os gêmeos Victor Hugo Magalhães e Joanna Magalhães, de 7 anos.

Uma história de vida com lutas e vitórias, sempre com a força soberana do Senhor nosso Deus em todos os momentos, me sustentando.

waniamagalhaesgmail.com2089

+55 (21) 96433-7794

Wania Magalhães

waniamagalhaes@gmail.com

Improváveis + Resistentes

29 DUAS FILHAS, DOIS CAMINHOS E UMA SÓ FIDELIDADE DE DEUS

Por Rev. Wania Magalhães

A vida nem sempre é como sonhamos ou pensamos. Ela tem os seus desafios.

Casei-me, constituí família e tive duas filhas, Valeria e Vanessa.

No ano de 2015, quando tudo estava caminhando bem, as filhas casadas, eu e meu marido planejávamos que iríamos nos aposentar para usufruir um pouco da vida. Era o nosso plano.

Fazemos planos, idealizamos, mas a vida nos surpreende quando menos esperamos. A Valéria começou a se sentir mal, passou pelos médicos, ficou internada com suspeita de meningite e lá se foram dez dias de internação sem diagnóstico fechado. Voltava para casa, mais fraca e, a cada dia que passava, mais magra. Só ficava na cama e sem forças para se levantar. Marcamos consulta e a levamos a um médico pneumologista, pois ela sentia falta de ar. Ao ser examinada, foi diagnosticada com uma pneumonia chamada "asa de borboleta", com suspeita de tuberculose. Foi encaminhada para um hospital, pois necessitava de internação, e foi aí que tudo começou.

Ao chegar ao hospital, passou pelo médico, que a encaminhou para o CTI e a deixou em isolamento.

E, com as guerras, vieram as orações, os jejuns, os montes.

Com o resultado dos exames, veio a notícia que abalou com toda a família: não era tuberculose, ela tinha contraído HIV do marido. Foi uma luta, pois, com esse resultado, a situação dela ficava pior: uma corrida para o antibiótico fazer efeito e curar a pneumonia. A mudança de antibiótico era constante, pois não estava diminuindo a infecção. O caso foi piorando e, com isso, os médicos resolveram encaminhá-la de novo para o CTI. As orações, cada vez mais, se intensificavam, com relógio de oração, jejuns e subidas aos montes. Eu buscava o Senhor constantemente e, da pneumonia, ela foi curada, mas houve outras complicações, como isquemia, e com isso minha filha perdeu os movimentos: não falava, não se virava na cama.

Mais uma guerra para guerrear. Eu não poderia parar de orar. Foram tantas injeções, que ela não tinha mais veia para aplicá-las. Foi preciso um acesso venoso na veia jugular, e as coisas pareciam que estavam piorando, que Deus não a estava vendo.

Cada vez mais, as coisas estavam se complicando. A Vanessa, que estava grávida, se separou do marido e ficou sozinha com uma filha de 7 anos e uma gravidez de gêmeos. A guerra estava declarada, o inferno tinha se levantado contra mim, por isso eu teria que usar as minhas armas: oração, jejum e joelho no chão. Foram dias e dias de jejum, de muita oração pelas madrugadas, pois eu tinha que orar pelas duas.

Já se haviam passado três meses que Valéria estava internada, numa luta estava acontecendo desde maio de 2015 — e já estávamos no final de novembro. Foi quando o médico me chamou para dizer que a medicina já não tinha o que fazer e que tudo que se poderia fazer já tinha sido feito.

Eu não aceitei aquelas palavras e fui me derramar com quem poderia fazer alguma coisa, o meu Deus. Intensifiquei as orações, pedi ajuda aos irmãos, e minha filha Vanessa entrou na guerra. Quando sentiu que íamos perder a Valéria, ela fez um voto ao Senhor: se a irmã viesse para casa, nunca sairia da presença do Senhor e, se saísse, que Deus a preparasse e a levasse.

No dia 12 de dezembro do mesmo ano, minha filha veio para casa para morrer, assim disseram os médicos, mas, como estava se aproximando o Natal, eles lhe deram alta. Ela veio para casa sem falar, sem andar, sem se mexer na cama e com duas escaras tão profundas no final do cóccix que dava para ver o osso. Aquilo que parecia impossível, que parecia não ter saída, Deus foi mudando. Cada dia era uma vitória. Ela estava reaprendendo tudo: sentar-se, andar, falar, virar-se na cama. E as orações não paravam, pois Deus virou o cativeiro, e aos poucos ela foi caminhando.

No dia 8 de março de 2016, nasceu o casal de gêmeos. Assisti ao parto, momento único. O primeiro a nascer foi o Victor Hugo e, depois, a Joanna. Naquela hora, a pressão da minha filha começou a subir, e os aparelhos a apitarem. Eu fui colocada para fora do centro cirúrgico. Ela demorou muito lá dentro. Comecei a orar, pois, naquele momento, tive medo de que algo pudesse acontecer. Não sei direito até hoje o que aconteceu, pois o meu médico — sim, o meu médico, pois ele fez o parto das minhas filhas e depois dos meus netos —, o médico da família, não quis dizer, só falou que já havia passado, que estava tudo bem e deu alta a eles.

Vanessa continuava firme nos caminhos do Senhor. Quando as crianças fizeram 2 anos, ela voltou a estudar. Foi fazer Odontologia, cuidar do futuro dela e dos filhos, que já eram três. Eu ficava com as crianças, dando suporte para ela estudar. Andávamos juntas buscando o Senhor. Íamos para consagrações, montes e, aonde eu precisasse ir, ela estava comigo, estávamos unidas. Ela estava feliz em estar na reta final do curso, dizia que, depois de formada, faria especialização em bucomaxilo.

Tudo corria muito bem, mas, no dia 15 de novembro do ano de 2021, meu marido passou mal e fomos levá-lo ao médico. Depois de fazerem vários exames, disseram que ele poderia ter só 48 horas de vida e teria que correr contra o tempo, pois necessitava fazer hemodiálise. Ele foi internado por dez dias, teve alta, voltou para casa e seguiu fazendo tratamento ambulatorial por dezesseis dias. Depois, voltou muito mal para o hospital e, de acordo com os médicos, não passaria daquela noite, mas o Senhor lhe permitiu mais oito dias de vida, e ele veio a falecer no dia 19 de dezembro do mesmo ano.

Assim começaram os problemas. Vanessa entrou em depressão pela morte do pai, e tive que levá-la ao psiquiatra para ser tratada. Os meses foram passando, ela voltou às aulas na faculdade, e tudo parecia estar entrando nos eixos, mas, no final do mês de maio, o que parecia estar sobre controle, foi o início de uma nova batalha. Ela terminou o relacionamento hétero, deixou de ir aos cultos, deixou de sair comigo — sempre dava desculpas —, e começaram suas mudanças de comportamento: chegava tarde em casa e, muitas vezes, seus filhos já estavam dormindo. Em um fim de semana, falou que estava namorando, que tinha encontrado um rapaz que eu gostava, que eles tinha voltado a namorar — pois na adolescência já haviam namorado —, que tinha conhecido a prima dele, tecendo vários elogios sobre ela.

Comecei a orar e a buscar ainda mais o Senhor, pois não sabia o que estava acontecendo, só sabia que havia algo de errado. Como o Senhor não deixa os seus enganados, eu estava lavando louças e ouvi de Deus que não era o rapaz que Vanessa estava namorando, mas, sim, a prima dele. Pensei que estava doida, pois ela era totalmente contra relacionamentos homoafetivos. Naquele momento, ela entrou em casa e fiz uma pergunta direta e objetiva:

— Você está namorando o rapaz ou a prima dele?

Minha filha riu e respondeu com outra pergunta:

— Que diferença isso faz?

Respondi:

— Nenhuma!

Então ela perguntou se eu não iria reclamar (por ser pastora), e eu só lhe disse que aquilo, para Deus, era uma situação fácil de cuidar, pois, se Ele tinha livrado Valéria da morte, aquilo para Ele era nada. A partir dali, começou minha luta espiritual. Vanessa queria trazer a parceira para morar na sua casa, que é em cima da minha, e isso eu não aceitei. Porém, a decisão e a escolha eram dela, eu não poderia intervir.

Você é o guia para os seus filhos, mas são eles que escolhem o caminho que querem seguir. Quando são adultos, tornam-se donos da própria vida, fazem suas próprias escolhas.

Como eu não permiti, Vanessa foi morar na casa da parceira e perguntou se poderia levar os móveis. Respondi que sim, e ela fez a mudança. No princípio, as crianças ficaram comigo, só iriam ficar com a mãe nos fins de semana, porém, no dia 26 de outubro de 2022, ela foi à minha casa para pegar os filhos e foi embora com eles. Foi a última vez que a vi.

Foi uma dor insuportável, uma ruptura com quem eu mais amava. Como doeu! Como eu sofri! Só Deus para me dar consolo. Eu não parava de orar. As orações eram de três em três horas, com busca nos montes e jejuns, até que o Senhor começou a ministrar no meu coração sobre arrebatamento. Se Ele viesse me buscar, eu não iria por causa da filha? Arrebatamento é individual, e eu não poderia salvá-la. Isso foi entrando no meu coração e me dando acalento, porque parecia que eu nunca tinha tido aquela filha, nem os netos. Deus agiu de uma maneira sobrenatural.

No Natal, passei uma mensagem para minha neta, mandando-a falar para a mãe que eu senti a falta dela e que a amava muito. Não tive resposta.

No dia 26 de janeiro, recebi uma ligação de uma amiga perguntando se eu tinha notícias da Vanessa. Respondi que não, e veio a notícia que nenhuma mãe quer ouvir: que ela tinha morrido no Hospital Albert Schweitzer, onde estava internada há um mês no CTI. Não pude fazer o enterro, pois a parceira dela não permitiu. Ela só foi enterrada no dia 28 de janeiro de 2023. Para ir ao velório, tive que requisitar uma viatura por meio do 190, pois estava restrita a minha entrada. E as promessas? Ela mudou sua religião, foi para o candomblé, fez "cabeça" mesmo no CTI, esquecendo-se do pacto que havia feito com o Senhor: que no dia que saísse da presença de Deus, que Ele a prepararia e a levaria. Deus assim cumpriu com o pacto e a levou.

"Duas filhas: uma veio para casa para morrer; outra saiu de casa para morrer."

Rev. Wania Magalhães

Anotações

Anotações

Anotações

Anotações

Anotações

Anotações